常勝タイガースへの道

阪神の伝統と未来

掛布雅之
Kakefu Masayuki

PHP新書

はじめに

２０２３年の阪神リーグ優勝の要因は何かと問われれば、多くのファンは強力な投手陣だと答えるだろう。

日本一となった１９８５年の阪神タイガースも、シーズン２１９本塁打が話題となったが、基本は「守り勝つ野球」だった。

23年は、本塁打数こそ少ないものの、打線においても85年と同じものがあった。それは「つなぐ意識」である。四球数が優勝の要因としてメディアにクローズアップされたが、四球というのは、次の打者につなげる気持ちから生まれるものである。四球を選ぼうと思って打席に入る打者はいない。四球で一塁に行こうと思った時点で、消極的な気持ちが芽生え、バットが出てこなくなってしまうのだ。

四球という結果だけを見るのではなく、その過程で打者がどのような意識をもち、打線として機能したのかを注目すべきだろう。

23年は、八番＝木浪聖也《きなみせいや》、一番＝近本光司《ちかもとこうじ》、二番＝中野拓夢《なかのたくむ》が見事に打線として機能した。巨人の原辰徳《はらたつのり》監督（23年シーズンで退任）は「三番、四番、五番のクリーンナップが打つのは当たり前じゃないですか。一番嫌なのは八番からつなげられて上位打線に回って取られる一点。これは結構効くんですよね」と言っていた。

また、四番の大山悠輔《おおやまゆうすけ》は、本塁打こそ20本に満たないものの、最高出塁率のタイトルを獲得した。四番打者で出塁率トップとは、いかに大山がつなぐ意識で打席に臨んでいたのかを表す数字だ。そして勝利打点もかなり多い。シーズン前に岡田監督は、大山に勝利打点王（81年〜88年まで。89年〜2000年まではセ・リーグ特別賞）になることを厳命していたのだ。「あのタイトルはものすごい価値あったと思うけどな。勝利を決めた打点やからな」と岡田監督は、シーズン前に報道陣に語っていた。

佐藤輝明《さとうてるあき》は、苦しんだ時期もあったが、8月、9月は打率3割以上を打ち、復調してきた。そして、セ・リーグ優勝を決めた9月14日、佐藤の打球が、バックスクリーンに放たれた。

そのとき、私は、85年のあの日の出来事を思い出していた。

85年4月17日、甲子園球場の漆黒の夜空に、白球が3発連続で舞い上がった。その後、語り継がれる三番＝ランディ・バース、四番＝掛布雅之《かけふまさゆき》、五番＝岡田彰布《おかだあきのぶ》の阪神クリーンナップによる「バックスクリーン3連発」である。

その日、阪神は巨人とのシーズン初対決となった甲子園での3連戦の2試合目だった。巨人に2点リードされた7回裏で2死一、二塁のチャンスを迎える。

巨人のピッチャーは、快速球で注目される若きエース槙原寛己《まきはらひろみ》。そこに登場したのが、史上最強の助っ人として知られる三番打者のバースだった。バースは甘く入ったストレート気味のシュートをとらえ、バックスクリーンへ逆転の3ランホームランを放った。

次に打席に入った私は、ホームランの勢いを借りることよりも、槙原と一対一での勝負をしたいという思いが強かった。1ボール1ストライクからの3球目。内角高めのストレートがやや詰まったものの左手で押し込み、バックスクリーン横の左翼側に放り込むと、それがホームランになった。

続く五番打者の岡田は、バースにはストレート気味のシュート、私にはストレートを打たれたことから、「(槙原は) インコースのストレートは投げてこないだろう」と予測し、スライダーに狙いを定めたという。すると、2球目をフルスイング。岡田のソロホームランは、前の2球を追いかけるようにバックスクリーン方向に飛んでいった。
この出来事は、四半世紀以上経った今でも、阪神ファンの間で語られることとなる「伝説の3連発」だった。さらに、「バックスクリーン3連発」があった85年シーズンは、阪神が21年ぶりのリーグ優勝を果たし、その後2リーグ制になって以降初の日本一に輝いたことから、阪神を勢いづかせた出来事として語られることもある。

本書の第一章では「初代ミスター・タイガース」藤村富美男《ふじむらふみお》さんから金本知憲《かねもとともあき》まで、阪神球団史を彩ってきた強打者たちについて語ることで、阪神打線に息づく魂を探ってみたい。そして、そこからさらに現在の阪神というチームについて語ってみたい。そこには「勝つ伝統」を携《たずさ》えた常勝チームとして進むべき道があると信じている。

2023年10月

掛布雅之

＊本文中、一部敬称は略させていただきました。

常勝タイガースへの道　目次

第一章　猛虎の強打者論

第二章

今の阪神打線について語ろう

第三章

猛虎の打撃論

第四章

阪神の伝統とは何か?

第五章

岡田監督に引き継がれる阪神の系譜

第一章

猛虎の強打者論

◉——藤村富美男——初代「ミスター・タイガース」が生み出したもの

猛虎の強打者を語るとき、藤村富美男さんをまずは語らなければならないだろう。藤村さんは、初代「ミスター・タイガース」と呼ばれるにふさわしい素晴らしい記録の数々を残している。長尺バットで知られる藤村さんだが、今でいう投手と打者の二刀流の選手だったのだ。

1936年に開幕したプロ野球リーグ（日本職業野球連盟）。4月29日のタイガース最初の公式戦となった名古屋金鯱《きんこ》軍戦に開幕投手として登板し、1安打完封し勝利投手に輝いた。また、7月15日の東京巨人軍との試合ではリリーフ投手として勝利投手となった。また、内野手としても出場し、2本の本塁打を記録した。しかし、その野球人生は順風満帆とはいえなかった。1939〜42年まで兵役に就《つ》き、野球のキャリアが空白となる。しかし戦地から帰還すると、戦後の大阪に颯爽《さっそう》とヒーローとして再登場した。

1946年にリーグ戦が再開すると監督を兼任しつつ、五番打者として打率3割2分3厘を記録する傍《かたわ》ら、戦後で投手陣のコマ不足もあり、再びマウンドに上がった。試合中に四球で投手が自滅しそうになると、敗戦が濃厚な試合でも、守備についていたサードから投球練習などのウォーミングアップをすることなくリリーフとしてマウンドを踏んだ。１９４６年、13勝2敗、リリーフだけなら8勝0敗。１９４７年以降は、監督は辞して、選手に集中し、不動の四番打者として、史上最強といわれた「ダイナマイト打線」を牽引《けんいん》した。

野手に専念してから、最初は二番などを打つ器用なバッターだったが、やがてホームランを量産する四番打者へと変貌を遂げたという。当時は地方遠征などで試合前のファンサービスとしてホームラン競争が頻繁に行われていたようで、そこで飛ばすコツを身につけたらしい。

優勝した１９４７年からはダイナマイト打線と称された強打線の四番に座り、その年は打点王を獲得している。本塁打王が3度に打点王が5度。１９５０年には、セ・リーグ最初の首位打者を獲得した。１９１安打は、２０１０年にマット・マートンに破られるまで60年間、阪神の球団記録だった。この年に記録された１４６打点も、２００５年に今岡《いまおか》誠《まこと》の１４７打点に抜かれるまで球団記録として残っていた。

１９４８年からは通常の選手よりも長い37～38インチ（約94センチ～約96・5センチ）の

長尺バットで、赤バットの川上哲治《かわかみてつはる》、青バットの大下弘《おおしたひろし》と共に本塁打を量産した。私が使っていたバットが34インチだったことからも、その長さがわかるだろう。

川上、大下の人気に対し、阪神タイガースも「なんとかせんといかん」と思い立ち、つくったこのバットは「物干し竿《ざお》」と呼ばれ、３年連続打点王の原動力となった。１９４８年10月２日、対金星スターズ戦で日本プロ野球史上初のサイクル安打を記録。さらにこの年は、日本記録（当時）となる５７２打数で64長打のシーズン記録を樹立した。

藤村さんの大活躍により、入場チケットを求めて多くのファンが甲子園球場に押し寄せた。プロ野球の爆発的な人気に火をつけたのだ。１９４９年にはチームが８チーム中６位だったにもかかわらず、ＭＶＰを獲得。優勝した巨人の選手ではなく、下位チームからＭＶＰが出たことは、いかに藤村さんが活躍したかを物語っている。今でいえば、所属するロサンゼルス・エンゼルスは地区４位と低迷したものの２０２１年にアメリカン・リーグのＭＶＰに選出された大谷翔平《おおたにしょうへい》選手のようなものだろう。

長嶋茂雄《ながしましげお》さんの「藤村さんのプロらしい派手なプレーに憧れていた」という話を聞いたことがある。猛虎打線の野性味の源流は藤村さんにあることは間違いない。

いつの時代も、他と異なることにチャレンジする人間だけが、大観衆の喝采を浴びる本物のスター選手になりうるのだ。
藤村さんは、ミスター・ジャイアンツとミスター・タイガースの違いを鮮明に示してくれたのだと思う。それは「巨人軍は紳士たれ」と、長髪や金髪、ヒゲを禁止したジャイアンツに対し、阪神は、〝野武士〟や〝猛虎〟という言葉で表現されるような豪快な強さであり、カリスマ的な迫力だ。

私は、ボストン・レッドソックスという球団のチームカラーが大好きである。現在は吉田正尚《よしだまさたか》選手が所属し活躍しているチームだ。ニューヨーク・ヤンキースという規律のあるエリート軍団とは対照的だ。2013年のシーズンは、多くの選手が髪やヒゲを伸ばし、一人ひとりの打撃フォームも個性的で、デビッド・オルティーズのような巨漢のパワーヒッターがいたり、上原浩治《うえはらこうじ》のように感情を露《あら》わにマウンドで吠えまくるストッパーもいた。〝世界一〟となった2013年のシーズンは、ジョニー・ゴームズとマイク・ナポリという2人の選手が、春季キャンプからヒゲを伸ばし始め、そのうちそれがチームの快進撃と共に全選手に波及して、球団サイドもそのヒゲブームに便乗。ヒゲを生やしてきたファンには1ドルで入場可能という〝ヒゲチケット〟まで販売して、フィールドだけでなくフェンウェイ・パークのスタンドもヒゲで埋まった。チームの個性がファンを巻き込んで、社会現象まで起こす。全米屈指の人気球団だ。

関西圏だけでなく、全国に虎フィーバーという名の社会現象を起こして日本一となった85年の阪神タイガースに、どこかそのチームカラーが重なる。

私は最低限の規律やモラルを守り、社会的にも人道的にも他人に迷惑をかけないのであれば、決して個性を見失わず、ファンから愛着を持たれるレッドソックスのような球団がベストだと考えている。阪神は、日本版レッドソックスであってほしいのだ。

ランディ・バース
——日本で飛躍的な活躍ができた理由

阪神甲子園球場は2022年シーズン終了時点で、日本プロ野球の本拠地としては現存する最古の球場である。球場の設計に当たっては、MLBの当時のニューヨーク・ジャイアンツ（現サンフランシスコ・ジャイアンツ）の本拠地であった「ポロ・グラウンズ」をモデルに設計されたと言われている。その後、「ポロ・グラウンズ」はニューヨーク・ヤンキースやメッツのホームタウンとしても使用された。甲子園球場の名前の由来は、完成予

プロ野球各球場のパークファクター（2022）

セ・リーグ

球場	PF	本塁打	試合数	使用チーム
神宮	1.294	154	67	ヤクルト
東京ドーム	1.180	127	56	巨人
横浜	0.929	102	67	DeNA
マツダスタジアム	0.921	94	66	広島
バンテリンドーム	0.764	56	62	中日
甲子園	0.687	50	58	阪神

パ・リーグ

球場	PF	本塁打	試合数	使用チーム
PayPay ドーム	1.336	99	57	ソフトバンク
楽天生命パーク	1.020	93	62	楽天
ベルーナドーム	0.956	82	61	西武
ZOZO マリン	0.942	88	66	ロッテ
京セラ D 大阪	0.897	65	55	オリックス
札幌ドーム	0.844	62	55	日本ハム

※交流戦の成績を除いて集計

パークファクター（PF）とは？

球場は形状や大きさ、立地条件がそれぞれ異なることから、本塁打など各成績に偏りが出ることがある。平均的な球場に対して、球場ごとの成績の偏りを表す数値指標がパークファクターである。
本拠地としている球団の成績には左右されない指標となっており、純粋に「平均的な球場（6 球場の平均）に対して当該球場では本塁打を何倍打ちやすいか」を示している。

プロ野球データバンク、「パークファクター（12球団本拠地）」
https://baseball-datapark.skr.jp/2022y/arekore/parkfactor/ 参照（2022/11/28）

定の大正13年（1924年）が十干《じっかん》十二支《じゅうにし》の最初の組み合わせで縁起の良い甲子《きのえね》年《とし》であったからとのことである。1924年8月1日に竣工《しゅんこう》式が行われた。

甲子園球場の両翼は95メートル、センターからホームベースまでは118メートル。センターからホームベースまでを見れば、122メートルの東京ドームより4メートル短い。しかし、左中間、右中間はホームベースから118メートルあり、東京ドームの110メートルよりかなり広い球場である。

今の甲子園球場ではピッチャーを中心とした守る野球に徹して戦うしかない。広いから、阪神以外の球団でも甲子園ではホームランが出づらい。事実、甲子園のホームラン数は他球場に比べて少ない（前頁の表）。投手を含めた守る力で勝っていく野球を岡田監督は考えていると思う。

また、甲子園球場の代名詞ともいえるのが浜風である。

浜風とは、晴天時には陸上の気温が海上の気温よりいち早く高くなって、空気が上昇したスペースに、1キロほど先の瀬戸内海から吹きこんでくる海風のことだ。甲子園球場にはこの浜風がよく吹きこんでくる。

特に日中は浜風の影響を受けやすいといわれている。事実、高校野球の甲子園球場での歴代ホームラン通算記録は左記のようになっている。

【高校野球甲子園通算本塁打記録】

1位：清原和博《きよはらかずひろ》（PL学園）／13本
2位：桑田真澄《くわたますみ》（PL学園）／6本、元木大介《もときだいすけ》（上宮）／6本、中村奨成《なかむらしょうせい》（広陵）／6本

いずれも右打者である。少なからず右打者のほうがホームランを打ちやすい球場なのであろう。

前置きが長くなってしまったが、私が共にプレーさせてもらった前提で、左の強打者の筆頭として挙げるとすればバースだろう。

バースはMLBのミネソタ・ツインズ、カンザスシティ・ロイヤルズ、モントリオール・エクスポズ、サンディエゴ・パドレス、テキサス・レンジャーズなどのチームを渡り歩いていた。長打力は評価されている一方で「ウォーニングトラック・フライボールヒッター」とも言われていた。フェンス際まで打球を飛ばせる力はあるものの、オーバーフェンスには少し足りないバッターを揶揄《やゆ》する表現だ。

また、MLBの速球派投手に弱いという弱点もあった。NPB（日本野球機構）では、阪神以外にはヤクルト、阪急が獲得調査をしていたが、結果的に阪神が獲得することとなった。当時阪神ではレギュラーの左打者が私一人であり、左打者がもう一人いれば……と

いうことだったのだろう。

阪急はそのときに右打者のブーマー・ウェルズを獲得したと当時の安藤統男《あんどうもとお》監督（阪神）から聞いた。また、バース、ブーマー共にポジションが一塁手であり、守備位置が被っていた。どちらかが外野を守れていたなら、両方の選手を獲得したかったとも聞いた。

また、バース獲得の大きな要因として、当時の編成担当から聞いたところによると、彼はマイナーリーグの2Aや3Aで四球を年間80前後選んでいて、打席で我慢できる選手という評価だった。そして、速球を打つのは苦手だが、変化球打ちが上手いという評価だった。

バースは1983年から88年まで在籍し、2度の三冠王を獲得、NPBシーズン最高打率の3割8分9厘（86年）を記録した。

バースに関して特筆すべきことは、日本文化に溶け込もうという強い意思を感じたことである。

阪神は83年、84年とハワイのマウイ島でキャンプを行っていた。そのキャンプの休日にゴルフをラウンドしたり、川藤幸三《かわとうこうぞう》さんに将棋を教わって覚えるなどしてチームになじんでいった。チェスと同じだと思っていたが、全然違うので面食らったらしい。来日した際には、オクラホマの小さな町から来たバースは慌ただしく動く日本人に驚いたという。来日1年目は、電車で甲子園球場まで通い、球場のおばちゃんがつくってくれるラーメンを愛した。屋台のラーメンにもチャレンジしていた。また、いたずら好きで茶目っ気があった。

野球に関しては、甲子園球場の内野に芝生がないことに驚いたという。MLBのグラウンドは天然芝であることが多い。

そしてよく言われることであるが、フルカウントで、ストレートではなく変化球を投げ込んでくる攻めに躊躇《ちゆうちよ》したという。また、明らかに外角に外れたボールなのに、外国人という理由でストライクゾーンが広くなり、審判にストライクコールされたことがあったという。そのため、1軍打撃コーチの並木輝男《なみきてるお》さんに相談し、並木さんの提案でセンターからレフトに打つ練習を徹底的に行った。

2023年1月、日本の野球殿堂に選ばれたバースが来日した際に、日本で成功できた理由を「一番大きかったのは並木打撃コーチの存在」と語っている。「コースに逆らわずセンターからレフトへ打つことを辛抱強く教えてくださいました。今の自分があるのは並木コーチのおかげ。レフトから左中間にホームランが出るようになり、タイトルを獲《と》れるほどの打者に成長できた」と明らかにしている。

彼のバットは、先が太くて、グリップが細い。バットの総重量は1キロ近くあった。グリップが細くて、バットのヘッドが太いということは、グリップを握ったときにはすごく重さを感じるはずだ。

ただ、彼は2ストライクを取られると、バットを少し短く持って確実にミートしてくる。また、夏場に疲れが溜《た》まってくると、33インチ半という短いバットを1本バットケースに入れて、自分が疲れていると感じると、短いバットを使っていた。

相手のバッテリーは、バットが変わったことには気づかない。そういうクレバーさに秀でた打者だった。過去の外国人選手の中には素晴らしい打者もいたが、バースほど日本の野球を分析し、対応して、打席に立ち続けた外国人選手を私は知らない。

また、相手投手が厳しい内角攻めをしてきても怒ることはなかった。相手投手に対して常に紳士的な対応をしていたのが印象的だ。

私も内角攻めをされても、怒りの感情を表すことはなかった。

なぜなら、相手投手に怒りの感情をぶつけると、次の打席で投手はむきになって内角攻めを執拗《しつよう》にしてくるからだ。怒らなければ、投手も申し訳ないという気持ちになり、内角攻めをしてこなくなるものなのだ。バースが私の対応を見てそのような態度をとっていたかはわからないが……。

そして、試合中に相手投手からデッドボールをもらったとしても感情を露わにすることはなかった。助っ人外国人選手は、投手にぶつけられると激高するシーンも多く見られた時代である。

バースは静かな闘志を持った男だった。数多くの外国人選手と共にプレーをしてきたが、バースは助っ人というより仲間であり友人だった。

バースは人間的にも、周りに対する気配りというものが素晴らしい外国人選手だった。シーズンが終わると、必ず私のところに来て「ありがとう」と言って帰っていく。「あなたが四番にいてくれたから、俺は三冠王を獲れた。あなたが三番を打っていたら、全部タイトルを獲っていたかもしれない」とも言っていた。そういう、人に対する気配りもあったのだ。当時の安藤統男監督にも「来年も掛布の前を打たせてくれ」と言って帰国していた。

バースに対して同じ左打者としてアドバイスをしたことはない。私のバッティングを見て「ああいうふうな左方向への打ち方をしなければ駄目だ」と思っていたようだ。「掛布のような打球方向を多く打っていかないと、ホームラン数は増えない」と浜風から感じたのではないだろうか。

MLBと比較して狭い日本の球場で、左方向に強い風が吹いているときには、軽く流しただけでレフトスタンドへの本塁打になるほどだった。

前述したように、バースはインコースの速いボールに対して比較的弱いと言われていたようだが、変化球を打つのがとても上手かった。85年の日本シリーズでも、第1戦の松沼《まつぬま》博久《ひろひさ》投手、工藤公康《くどうきみやす》投手から執拗にインハイを攻められるが、工藤投手のアウトコースのカーブをレフトスタンドに運ぶ値千金《あたいせんきん》の本塁打を放った。

◉──田淵幸一──唯一無二のホームランアーチスト

阪神タイガースの歴代左打者の代表がバースであれば、右打者の代表は田淵幸一《たぶちこういち》さんだ。脱力したスイングからレフトスタンドへ独特の放物線を描くホームランは、まさに芸術品だった。私の打球角度は30度だったが、田淵さんのそれは50度だった。

田淵さんは「俺はボールがあったら、中心じゃなくて、中心のちょっと下でスピンをかける、そういうイメージで常に下をこするっていう感じかな」と語っていた。

本塁打を打つコツをつかんだのは、風邪からの病み上がり状態で高3での合宿に参加したときだったそうだ。このとき、まだ体調は万全ではなく、体にほとんど力が入らなかった。しかし、打撃練習では打球の飛距離が思いのほか出たそうだ。このときに「バッティングは力ではない」「ボールとバットが当たるポイントさえ合えば、ボールは飛ぶ」と思い、このことがきっかけで滞空時間の長い独特の放物線を描く本塁打を打てるようになったという。

打撃において脱力することは、何よりも大切である。ボールとバットが当たる瞬間に力を伝えるためには、構えているときから力が入っていては駄目だ。雑巾《ぞうきん》を両手に持って窓にあてて円を描くように拭いてみてほしい。手に力が入っていては勢いよく円を描けない。力が抜けて初めて円が描ける。

田淵さんは阪神入団1年目の1969年から、強肩強打の捕手としてレギュラーに定着。22本のホームランを打ち、新人王に輝く。その後、西武ライオンズに移籍するまでの10年間、チームを牽引してきた。阪神と西武での現役時代には、NPB歴代11位（2023年9月現在）の474本のホームランを放っている。

田淵さんの左手は、右手より3センチほど長かった。右バッターだから左手で強くバットを振れたほうがバットをこねることなく、大きなフォロースルーを生み出す。左手の長さが豪快なホームランを生み出していたのかもしれない。

田淵さんには、四番打者としての在《あ》り方を徹底的に学んだ。四番の条件というのは休まないこと。数字でチームを引っ張っていかなければならないことだ。

そして、言葉でチームを引っ張っていくことも必要条件のひとつだ。苦しいときには、背中でチームを引っ張っていくのが四番の役目である。

私が共にプレーした中で、最高の四番バッターは田淵幸一さんだった。

田淵さんは5881打数で474本塁打しており、本塁打率は12・41打数に1本を放った。これは300本塁打以上した選手では王貞治《おうさだはる》さんの10・66打数に1本に次ぐ歴代2位で、落合博満《おちあいひろみつ》さんの14・95打数に1本という数字を大きく上回っていた。

田淵さんはどんなにチームが負けていても、胸を張ってマスコミの前に堂々と歩いていき、チームの負の部分をすべて背負ってくれた。

田淵さんが四番にいてくれたからこそ、私は1976年から4年連続で3割を超す打率を残せたのである。田淵さんという大きなバリケードがあったからこそ、安心して打席に立つことができたのだ。

また、特筆すべきは打てる捕手だったということだ。

歴代ホームラン記録474本は、捕手というポジションを主戦場にしながらのとてつもない記録だ。捕手は、相手打者に打たれないようにするための打者の分析、配球、また守備陣形の扇の要《かなめ》であり、試合の勝敗を左右するポジションである。その負担は野手で一番大きいだろう。

現在の分業化が進むプロ野球では、捕手はそれほど打てなくとも守備で評価されるポジションである。

田淵さんを初めて見たときは、そのオーラと日本人選手の中では大柄だったことから2メートルくらいの高さにも見え、圧倒された。

私は「小さな体でもプロでやっていけますか」と聞いたことがある。すると田淵さんは「大丈夫。プロは小さくても上手くなれるからおもしろいんだ」と激励してくれた。

田淵さんに1度だけ「チームのための野球とはどういうことをやったらいいんですか」と聞いたことがある。1976年から2年続けて3割を打ったときだったと思う。そのとき私は22歳。シーズンオフに食事に行ったときに「ちょっと周りの方からチームの野球云々と言われてるんですけど、チームのための野球って僕は何をしたらいいんでしょうか」と聞いたのだ。

私は、送りバントをするバッターでもなかったし、自己犠牲ということをどう考えて打席に入ればよいのか、思い悩むことがあった。野球はチームスポーツであり、バントや進塁打などの自己犠牲が、チームの勝利には求められる。

田淵さんの答えは、

「そんなことを考えなくてもいいよ。お前、いくつだ」と逆に聞かれた。

「22歳です」

「お前、野球好きなんだろう」

「大好きです」と答えたら、

「だったら、お前の大好きな野球を一生懸命楽しみなさい。それが今お前がチームのためにできる野球だね。思い切り楽しみなさい。チームの犠牲だとかどうのこうのっていうのは俺たちが考えればいいことなんだよ。今お前は自分がやれる野球を楽しむことしかないだろう。その楽しむ野球ができて結果がついてくれば、自然にお前はチームのための野球がわかってくるから。今からそのチームのための野球云々を考えることはやめて、とにかく野球を楽しみなさい」

その田淵さんの言葉で私はすごく救われた気持ちになったのだ。

私が最初にスタメンで出場したのは、1974年の太平洋クラブライオンズとのオープン戦だった。打順とポジションは「七番・遊撃手」。当時の正遊撃手だった藤田平《ふじたたいら》さんが自身の結婚式で試合を休んだため、出番が回ってきたのだ。そして、太平洋のエースだった東尾修《ひがしおおさむ》さんから4打数2安打を記録。さらに、3日後の対近鉄バファローズ戦でも「八番・三塁手」として再びスタメンで起用された。当時の三塁手のレギュラー野田征稔《のだゆきとし》さんの身内がお亡くなりになり、欠場されたことで出番が回ってきた。オープン戦で18打数8安打という成績を残したことで、開幕から1軍に帯同することができたのだ。

佐藤輝明、大山悠輔のように、ドラフト1位で入ったわけではなく、最初からクリーンナップを打てるバッターではなかった。八番、七番などを打ちながら、結果を残すことで打順が上がっていったのだ。

数字を残すのに必死だった半面、ドラフト1位で入った選手と比べて、周りからの期待やプレッシャーがないぶん、自分のプレーに集中できる環境があり、ある意味楽だったと思う。人気球団にドラフト1位で入った選手は、少し打てないだけでスポーツ紙に書かれたりして、そのプレッシャーというのは相当なものだろう。

楽しみながら集中することで、自分らしいプレーをしようと田淵さんの言葉で思いを新たにしたのだ。

四番バッターは、チームの個々の選手の重圧をも背負わなければならない。巨人軍のV9時代の長嶋茂雄さんや王貞治さんも、数字だけでなく、チームというものを引っ張り、負けているときは鼓舞し、四番として、チームの柱として野球をやってきたはずだ。

1978年のシーズンオフに田淵さんは、西武ライオンズに電撃トレードを言い渡された。田淵さんにとっては、深夜に呼び出されて突然言われるなど決して気分のよいものではなかっただろう。

田淵さんが阪神を去るときに「江夏《えなつ》とか俺のように途中で阪神のユニフォームを脱ぐなよ。お前は最後まで縦縞のユニフォームを着なきゃ駄目だよ。でも次のターゲットはお前だぞ」と言われたことを覚えている。そして田淵さんは「だから頑張りなさい」とも叱咤《しった》してくれた。

田淵さんとは忘れられない思い出がある。入団1年目のある日、田淵さんから自宅での食事に誘われたことがあった。阪神のスター選手からルーキーがそのような誘いを受けるなど異例のことだったと思う。食事が一段落すると、田淵さんに「バットルーム」に誘われた。田淵さんは「好きなバットを持っていっていいよ」と言った。3本を手に取り、1本を選ばせてもらった。

今も私の手元にそのバットはある。

素振りで使っていたためグリップは真っ黒だが、試合や練習でボールを打っていないためグリップ以外は綺麗なままだ。そのバットは半インチほど長い。試合で使用するには、自分の体格からして使いこなせそうになかった。田淵さんの身長は186センチで、私の身長は175センチ。身長が10センチも違えば、腕の長さも違ってくる。田淵さんのバットが私の使用するバットより長いのは当然である。

それからは、田淵さんからもらったバットで連日素振りに励んだ。私が練習のスイングで意識していたのは、打つポイントをひとつにして、最短距離でバットをぶつけにいって、いかにヘッドスピードを速く走らせるかということだった。そのためには、ダウンスイングで上から下に振り下ろしたほうが、重力の力も借りて速く走らせることができる。一方で試合用のバットスイングは、ダウンから入ってレベルスイングを意識していたので、素振り用と試合用のバットを変えるほうが自分にはしっくりきた。

そして、そのバットは、球団の道具係などに託すことなく、肌身離さず持ち歩いた。

1976年に南海ホークスに移籍していた江夏豊《ゆたか》さんには球場で声をかけていただいて、すごく可愛がってもらった。江夏さんは、広島東洋カープに移籍されても、私のことをすごく心配してくれて「飯食いに来い」などとよく声をかけてもらった。そういう方たちの積年の思いみたいなものを背中に感じていたのかもしれない。あの85年は「これは負けられんだろう」という思いだった。

田淵さんは、阪神在籍10シーズンで四番打者としての出場数812試合、本塁打320本、735打点と、3代目ミスター・タイガースと呼ぶにふさわしい成績を残した。

西武では、1980年に一塁手に転向、指名打者でも活躍した。80年には43本塁打を記録。82年には25本、83年には30本の本塁打を放ち、阪神時代に成しえなかったリーグ優勝と日本一にも大きく貢献した。

●——三番と五番を生かす四番の役割

四番はグラウンドの中ではエースピッチャーと同様に、ゲームに対する責任を背負わなければならない存在である。田淵さんが西武ライオンズに移籍した後、四番を任された私が意識していたことである。

ただ、自分が打たなければ勝てないという考え方では、本当の意味での四番打者の役割を果たすことはできない。

四番で、自分が打たなければ勝てないと思い込んでいるバッターがいるが、それは大きな間違いである。1試合4打席の中で、どういう仕事をして前後の選手を生かすことができるかを考えられる選手が、本当の四番だと私は思っている。

私自身は85年の阪神の日本一のときに四番を打ったが、前にバースがいて、後ろには岡田がいた。この2人のバッターは共にすごく調子がよかった。そのときに四番としてどういう仕事をすれば、三番と五番をつなげられるかを常に考えていた。

私は、15年間の阪神での野球人生において、85年の野球が一番我慢したシーズンだったと今なお思っている。

打率3割、40本塁打、108打点、そして94個のフォアボール。

私は四番打者として、「3割、40本塁打、100打点」というものを最低の目標として掲げていたが、それをクリアしたのは85年だけだった。引退してから冷静に総括すると、打席での我慢があったからこそ結果としてついてきた数字だった。

四番の私の調子が悪ければ、三番のバースは勝負を避けられてしまうだろう。そのような四番では失格だ。四番の強さを見せつけなければならない。「ひとつ間違えば」と投手心理をかく乱するものが私になければ、バースは歩かされて勝負してもらえなくなる。私は、バースの後ろ盾になるための条件として「40本以上のホームランが必要だ」と考えていた。チームの勝利に貢献できる真の四番打者の役割とは何か。そういうことを突き詰めてプレーした1年だった。


そして、仕掛けを遅らせた。

つまり、打ちにいくカウントを遅くしたのである。

私はどちらかというと、元々仕掛けが遅いタイプのバッターではある。しかし、さらに遅くした。甘いボールをあえて見送ったケースもある。

五番の岡田の調子がすごくよかったので、私が仕掛けを早くしてアウトになる確率を高めるよりも、仕掛けを遅くして、フォアボールの確率を高めた。四番の私が出塁することで、岡田につなげることができれば、それが得点につながる。

私は内野安打を打てるようなバッターではないので、岡田のホームランを得点につなげるためには、ヒットを打つ以上にボールを見極めて100個近いフォアボールを選ぶことが、阪神の得点につながるんだと考えていた。三番と五番に仕事をしてもらえるような、そういう四番というものが、私は本来あるべき四番の姿だと思っている。

もし、そういう我慢の打席を重ねずに、好きなボールを何も考えずに打っていれば、ホームランは50本を超えたのかもしれない。しかし、94個のフォアボールと、打率3割を達成できたかどうかはわからない。そして何より、その50本のホームランは、優勝につながるホームランにはならなかったのかもしれない。

前の人が後の人のことを考え、後の人が前の人のことを考える。そういう思いやりの連鎖が、打線を点から線へと変え、チームプレーや団結力というものにつながる。

阪神タイガースというチームの中で、俯瞰《ふかん》で見る四番に徹していたのだろうと思う。三番のバースが勝負してもらえるように強い四番でありなさい、40本近くホームランを打ちなさいと、俯瞰で見るもう一人の私が言う。それで後ろの岡田の状態がよければ、岡田にチャンスが広がるように我慢して100個フォアボールを選びなさいと、またもやもう一人の私が言う。

打席の中で我慢しながら、勝負していく。チームの優勝に飢えていた自分が、どこかにいたのだろう。勝つ喜びを感じたい。そして、あれだけ大勢の阪神ファンの方たちに、勝つ喜びで恩返ししたい。そうした気持ちが勝っていた。

よく「一人ひとりが自分の仕事を果たせ！」と言われるが、仕事とは、自己犠牲の精神をもってチームを考えることである。技術という裏付けがあってこその思いやりの連鎖ではあるが、勝利のための必須マネジメントだろう。

85年は、バースの55号ホームランがかかっていた。多くの投手がバースとの勝負を避けて、敬遠をして一塁に歩かせ、私に打席が回ってくる。10月16日のヤクルト戦でリーグ優勝を決めてから残り5試合あった。しかも最後の2試合は、当時のシーズン本塁打記録55本をもつ王貞治さんが監督を務める巨人戦。当然、巨人投手陣はバースとまともには勝負してこないだろう。私は、打率3割で終われるかどうかというところだった。もう優勝も決まっていたし、吉田義男《よしだよしお》監督に「代わるか？　休むか？」と打診された。

そのとき、大先輩の野村収《のむらおさむ》さんに諭された。野村さんはNPBで初めて全12球団から勝利を上げた名投手だ。

「カケ、お前は3割打ったとか打たないとか、そういうレベルの選手じゃないだろ。ファンの前に、常にグラウンドに出て野球をやらなければいけない選手なんだよ。だから絶対、休んじゃ駄目だ。最後まで出なさい」

すごく重たい言葉で、嬉しかった。四番としてのみずからの存在を再確認できたときでもあった。

85年のシーズンが終わったときに、吉田監督がインタビューで優勝の要因を聞かれた際に「うちには日本一の四番バッターがいます」と言ってくれた。胴上げされたときよりすごく嬉しかったことを覚えている。

また落合博満さんが「この打線の中で、この仕事をできるのは掛布しかいない」と言ってくれた。これもすごく嬉しかった。四番としてタイトルを獲ることもすごく大切なのだが、チームの状態を考えて四番の野球も変化するという、そういう変化に対応できる四番でなければならないと思う。


思えば85年の優勝は、真弓明信《まゆみあきのぶ》、バース、掛布、岡田彰布と30発カルテットを擁《よう》して「打ち勝った野球」の印象が強いが、一方で木戸克彦《きどかつひこ》捕手、岡田二塁手、平田勝男《ひらたかつお》遊撃手、私が三塁手でゴールデン・グラブ賞を受賞した。バースの一塁も上手かった。

私は優勝の共同会見でこう言った。

「マスコミのみなさんは『200発打線』の一言で片付けがちですが、このチームは守り勝ったチームなんです」

「足、あし、あしぃ！」

内野手には足を動かすことを徹底させる吉田監督は、春季キャンプでメガホンを持って大声を出して選手を叱咤していた。まずは下半身を使って打球の正面に入るのだ。現役時代には「今牛若丸」と呼ばれた吉田監督。攻撃的に守備をすることを徹底的に鍛えられた。

後述するが、85年の西武ライオンズvs.阪神タイガースの日本シリーズ第2戦、勝利インタビューで吉田監督は、勝利の要因として「ダブルプレーを3度取れたことが勝因です」と語っていた。

◉――衣笠さん、江夏さんに学んだ「すべて受け入れて、休まない」意識

1980年は、早稲田大学から新人で岡田彰布が入ってきた年だった。私は開幕から四番サードで起用されたが、4月に左膝を痛めた影響で、1軍公式戦への出場は70試合にとどまった。成績もふるわず、田淵さんや江夏さんのトレードも記憶に新しい中で、トレード話がマスコミを賑《にぎ》わし、多くのファンから叩かれることになった。

ファンの方に叩きのめされた結果、どのように野球に取り組むべきか、プロ野球選手としてどういう野球をしなければならないか、真剣に考えた。ファンとマスコミの前から絶対逃げない、と。では、逃げない野球とは何か。

それは、全試合出ることだ。だからタイトルなど一切考えずに、130試合全部を休まずに出ようと思った。それが1981年だった。

広島東洋カープの衣笠祥雄《きぬがささちお》さんが連続試合出場を続けているときに、江夏さんの家で衣笠さんと食事をしたことがあった。

衣笠さんが「俺もお前のバッティング大好きだよ。お前のホームランに拍手してるよ」と言ってくれた。

そして「でも、ちょっと言わせてくれ」と言われ、「休むな」という主旨のことを言われたと記憶している。「三振してもいいじゃないか。エラーしたっていいじゃないか。阪神の四番として、今できる野球すべてをさらけ出してごらん。さらけ出す勇気が必要だよ」と言われたのだ。また「それが全試合出場につながるから。いい格好する必要はない」と言われた。

先輩2人の言葉で、私はすごく楽になった。とにかく全試合に出よう。そして1981年には全試合に出場したのだ。

数字なんかは意識していない。数字は打率3割4分1厘と23本塁打。それなりに満足できる数字だったが、シーズンオフにファンの集いに出たときに、ある女性に「なぜホームラン23本しか打てなかったんですか」と質問された。

その質問を受けたとき、私は自分では納得していても、ファンの方の納得は少し違うところにあることに初めて気づいた。やはり30本以上のホームランを打たなければならないのか——後述するが、それからはまた中西太《なかにしふとし》さんに教えてもらったスポンジのボールを死ぬほど打ち込んだ。スピンをかけるように。

◉——安藤統男さんに学んだ「守備と打撃は同じ」

安藤統男さんは、私が阪神タイガースに入る道筋をつくってくれた人である。安藤さんは、慶應義塾大学で遊撃手として2度のベストナインに輝き、大学卒業後の1962年に阪神に入団。大学時代には、巨人からも誘いを受け、当時の川上哲治監督に会いに行き、「強い巨人よりも、その巨人と戦う側に回りたい」と断りを入れたエピソードの持ち主である。

そんな安藤さんと私の叔父はゴルフ仲間だった。また安藤さんがシーズンオフに私の親父のやっている小料理屋に来てくれたこともあった。私がまだ中学生のころだ。

そのような縁もあり、私が高校3年生の10月、阪神タイガースのテストという形で2軍の練習に参加させてもらった。そのとき、安藤さんの背番号9番のユニフォームを裏返しに着て10日間練習させてもらった。安藤さんは、1982〜84年に阪神の監督を務めたが、当時（73年）は現役の最後だから私の練習の様子は見ていなかったらしい。

そのときの阪神のスカウトは、河西俊雄《かわにしとしお》さん。河西さんは、遠井吾郎《とおいごろう》さん、藤田平さん、江夏豊さん、山本和行《やまもとかずゆき》さんらを担当した敏腕スカウトだ。河西さんが私の練習を見て、10日間の練習が終わったときに、阪神が取るように進言してくれると聞いた。

当時の監督金田正泰《かねだまさやす》さんも球団に獲得を要望してくれたようだ。

河西さんは、安藤さんにドラフトで掛布を6位指名するからと伝え、私もそれを聞いた。一応ドラフトに指名するということは聞いていたのだが、習志野高校の監督や学年主任には一切言っていなかった。ドラフト会議で「阪神の6位指名　掛布雅之　習志野高校」とアナウンスされたときには、周囲の人々は驚いていたようだ。

このドラフト6位指名には裏話があった。

練習生として阪神が獲得した場合、教育的な意味での指名のため契約金はなし、支度金が50万円程度だった。しかし、金銭的な部分でも気遣ってもらったのか、6位指名であれば300万円という契約金だった。契約金はドラフトにかかった選手でないと出せなかったのだ。

その後、安藤さんは34歳で1軍守備コーチに就任。中央大学から即戦力としてドラフト1位で入った佐野仙好《さののりよし》さんと共に私は徹底的に鍛えられた。

キャンプのクール最終日の特守では一人300球を超えるノックを受けた。この練習は私がレギュラーになってからも続けられた。試合前の一般的な練習は、軽いランニングとキャッチボール程度なのだが、佐野さんと私は公式戦の試合前の練習でも、チーム1時間の練習のうち50分をノックに費やされた。その後、10分間はバッティング練習なのだが、2人ともユニフォームは土にまみれて汚れていた。

試合に出続けるためには、四番は守備でも一流でなければならない。27個目のアウトを取るときにグラウンドにいる選手が、本当のレギュラーだと私は思っていた。守りが大丈夫であれば、負けていれば代打を出されることはあっても、勝っていれば代えられることはない。

シーズンに入っても、毎試合前に50分のノック。私は疲れ果てて、スタメンで出ない日は試合中にダグアウトで居眠りしてしまったことが何度かあったくらいだ。

安藤コーチからは、「佐野と掛布は、グラブからボールを引き出すのが遅いから、試合中でもグラブとボールを持って、ずっと出し入れしていなさい」と言われていた。

佐野さんは、「カケは本当によくやっていたよな。オレはそれができなかった。その差だ。だからオレは外野にコンバートされた」とよく言っていた。一見、誰にでもできることが、実は一番難しいことなのだ。

安藤さんは、佐野さんと私を捕まえて「私もコーチ1年生で勉強しなきゃいけない。お互い1年生でこれから勉強していくべき立場だ。そういうわからない者同士3人で野球を上手くなっていこう」と言っていたことを鮮明に覚えている。

佐野さんと私の野球のレベルに視線を合わせてくれて、練習はきつかったが、野球の基本というものを叩き込んでくれたのが安藤さんである。

安藤さんは「守りでもボールを捕るポイントがある。そのポイントは打つときのタイミングと似ている」と教えてくれた。たしかにボールを、バウンドに合わせて捕球し、ステップを踏んで、スローイングする一連の動きは、打席で足を上げてタイミングを取り、スイングするのに近しい。

この徹底した守備練習で、私の下半身は鍛え上げられていった。野球をやった人ならわかると思うが、内野手のゴロは立ったままでは捕球できない。常に腰を落として捕球姿勢に入るため、下半身が自然と鍛えられていくのである。

◉――岡田彰布――相手の決め球を打つ

85年時の日本一の不動のレギュラーであり、2005年には阪神の監督としてリーグ優勝を果たした。2023年も見事リーグ優勝を果たし、クライマックス・シリーズに勝てば、日本シリーズでの戦いが待っている。阪神打線の神髄を語る上で外せないキーパーソンである。

岡田は、父親が阪神の有力後援者であり、幼いときから阪神タイガースの新人選手の寮である虎風荘《こふうそう》にも出入りし、甲子園球場でも三塁側の家族席でよく観戦していたという。小学生のときに早慶戦を観戦し、早稲田の臙脂《えんじ》のユニフォームに憧れを抱き、早稲田大学進学を夢見たと聞く。

北陽高校（現・関西大学北陽高校）時代は、まだ木のバットを使用する選手が多かったが、20本以上ホームランを打っていた。金属バットが高校野球に登場するのは、高校2年生の夏ごろからだったという。早稲田大学1年時には、七番バッターで出場した試合で3打数3安打を放った。相手は法政大学の江川卓《えがわすぐる》投手だった。

岡田の打撃の特徴は「初球は打たない」というものだった。ピッチャーは5種類くらいの球種を持っていて、初球は何がくるかわからない。だからど真ん中のストレートでもバットを振ることはなかったという。2ストライク後には、カウントを取るようなカーブを投げ込んではこない。つまり、追い込まれてからのほうが球種を絞りやすかったのだ。決め球はストレートあるいはフォークなど、どちらかを狙えばよい。

85年の3連発のときは、岡田自身にとってもシーズン初本塁打だった。バースもシーズン初本塁打だったこともあり、自分一人取り残されたという感覚だったらしい。

２０２３年からの第2次の阪神監督に就任した岡田は「少し変えれば、（選手は）全然打てると思います」と発言していた。２０２２年シーズンの阪神打線は打率2割4分3厘、本塁打84本。安芸キャンプではストレートに弱い打線の改善に取り組んでいた。得点圏打率2割4分1厘でリーグ5位。勝負強さにもこだわりをもって打撃指導していた。

それは「差し込まれるな」「前で打て」という指導だ。

現役のときの金本知憲のように、ギリギリまでボールを呼び込んで、後ろ足に体重を残して打つことは、卓越したバットスイングができる選手でなければ、なかなかできるものではない。

◉真弓明信――バッティングは泳いで打つ

阪神の打撃を語る上で、85年の不動の一番打者の真弓明信選手を語らないわけにはいかないだろう。

通算先頭打者本塁打歴代2位の記録を持ち、83年に首位打者を獲得。85年には一番打者として打率3割2分2厘、34本塁打というクリーンナップ並みの成績を残したことなどから、「史上最強の一番打者」と呼ばれている。

2009〜11年まで阪神監督を務め、2010年にはシアトル・マリナーズから城島健司《じょうじまけんじ》、新外国人選手としてマット・マートンらを擁して、1リーグ時代を除けば球団最高のチーム打率となる2割8分9厘5毛、3割打者5人、90打点以上5人（うち100打点以上3人）、チーム安打は1458本を記録して60年ぶりにセ・リーグ記録を更新した。

私が真弓さんとの思い出で鮮明に覚えているのは、85年のキャンプで「今年は勝てるだろう」と言っていたことだ。前年に池田親興《いけだちかふさ》、中西清起《なかにしきよおき》らが入団してチーム力が確実にレベルアップしていたことを実感していたのだろう。

真弓さんは、真っすぐを待っていてスライダーがきたら、それを泳ぎながら三遊間にヒットを打つということを意識していたという。我慢して最後にバットのヘッドを走らせるというイメージだ。そうするとボールにオーバースピンがかかって打球速度が増して、抜けやすくなるのだ。真弓さんが言うには、外に逃げていくスライダーはひきつけて、一、二塁間を狙うようにと若いときはコーチに言われるが、そうするとなかなか内野手の間を抜けない。スライスがかかり、打球速度が遅くなるからだ。また、スライダーをひきつけて打とうとするとストレートが打てなくなる。ストレートのタイミングでスライダーがきて、泳ぎながらボールを見るとものすごくボールが見えてくる。当然、体勢は崩れる。あえて崩れることでボールが見えてくるらしい。

真弓さんは1キロ近い重いバットを使用していた。それはやはり、我慢して最後にバットのヘッドが出てくることをイメージされていたからだ。

当時の投手の多くは2ボール1ストライクのバッティングカウントだと、スライダーを投げてきた。ストレートのタイミングで待ちながら、スライダーの軌道をイメージして、スライダーがきたら泳ぎながら打っていくのだ。

今のバッターは綺麗に打たないと駄目という意識を持ちすぎている。だから、泳ぐことを嫌う選手は多い。前でさばくということをわかっていない選手が多い。ポイントを近くにして打つ選手が多いと感じる。もっと楽に打てるポイントがあるにもかかわらずだ。

基本的に、今のバッターはタイミングの取り方がよくない。

投手がボールを投げるトップをつくったとき、バッターも打つトップをつくるくらいのイメージがよい。そして真弓さんは、トップをつくってから、少し始動してタメをつくらなければならないが、今の打者にはそれが欠けていると指摘する。

また、泳いだとしても、前の膝がボールに寄っていかなければならない。たとえば状態のよくないときの佐藤輝明のバッティングは、前の膝がボールに寄っていく体の沈み込みがなく、立ったままの状態である。

真弓さんは、足を上げてタイミングをとる打者は、足を下ろすことばかりを意識していてタイミングがとれなくなっていると言う。足を下ろすのと同時にバットを振ろうとする、と指摘する。いわゆる「割れ」ができていないのだ。バッティングにおいて「割れ」がないと手打ちになってしまう。

私のような左打者であれば、左足の股関節にしっかり体重を乗せて「割れ」をつくることが大切になる。私の場合は、大きくない体で体重移動をするために右足でツーステップをして、左足股関節に体重を乗せて打ちにいっていた。

そして、「割れ」をつくり左足に体重を乗せた後は、右足に体重移動をする。右投げ左打ちの打者であれば、右足が軸足だ。軸足とは、壁のようなものだ。だから、このとき左足は多少ずれてもいい。この壁を私はすごく意識していた。踏み込んだ後の蹴り返す足によって体が回る。右足の強い蹴りが、私の腰の回転を生んでいたのだ。

真弓さんは、アンダースローでゆっくりしたフォームで投げてくる投手にはスタンスを狭くして立ち、打つときにステップを大きくとる。あるいはクイックで投げてくる投手に対しては、ステップを小さくして打つなど工夫して打席に入っていたという。

今の打者でこうした工夫をしている選手は少ない。

◉金本知憲――一塁への全力疾走

1492連続試合フルイニング出場などの世界記録をもつ金本知憲選手について語ろう。

中心打者は少々の怪我や自己都合で休んではならない。まさにそれを具現できる選手だった。「怪我をしても、公言しなければ怪我ではない」と言っていた。彼のこのような考え方は、広島時代に怪我をしたことをコーチに伝えたところ、当然のごとく休むように言われ、結果的にレギュラーを外されたことに起因するかもしれない。絶対的なレギュラーであれば、少々休んでいてもポジションを奪われることはないだろうが、1軍半の選手であれば、簡単にレギュラーを外されてしまうのがプロの世界の常である。

金本が休まないことで他のレギュラー陣も休まなくなった。2004年に入団した鳥谷《とりたに》敬《たかし》も、ショートという過酷なポジションでありながら全試合出場を掲げていた。

金本は、休まないのはもちろんすごいが、凡打でも一塁まで常に全力疾走をしていたことが、彼の野球で一番素晴らしいことだと私は見ていた。大山悠輔も全力疾走をやり続ける四番バッターになっている。

そして金本はホームランを2005年には40本放ったが、つなぎの四番を意識していたのか、相手投手のストライクが定まらないときは、早いカウントから打ちにいくことはなかった。

赤星憲広《あかほしのりひろ》が一塁にいれば、初球の球を見逃し、仕掛けを遅らせていた。チームの中心として次にどのようなプレーをすべきかを理解していた選手だった。

本塁打数が30本を超えれば、いつも全力疾走をしている四番とは思われない。なぜなら、30回ゆっくりとダイヤモンドを回るからだ。本塁打が20本前後だと、一塁への全力疾走が目立つことになる。私自身、一塁への全力疾走を全打席、1年間継続してやることはとても難しかった。これをきちんとやれる選手はすごい。プロ野球ファンの方には、こうした選手の姿も見てほしい。

私は4打席立って、ヒットを打つにしても、ゴロアウトになったとしても、4回一塁まで全力疾走すれば、ある程度体調は維持できる。試合に出場しながら体調を維持するために、走ることも大切なことと考えていた。

ただ、ある程度意識はしていたが、金本とか大山のようにはできなかったと思う。しかし、なるべく走っておかなければならないと自分には言い聞かせていた。サードの守備位置につくときも、リズムよく走ることを意識していた。

◉――現代のホームランアーチストとは誰か？

猛虎打線を振り返り、田淵さんを唯一無二のホームランアーチストと述べた。

では、現代のホームランアーチストとは誰だろうか？

阪神タイガースには、残念ながらホームランアーチストといえる選手はいない。

日本球界を見渡したとき、ヤクルトスワローズの村上宗隆《むらかみむねたか》は、ホームランアーチストに近づいていると言えるだろう。2022年シーズンは、NPB歴代2位の56本のホームランを打ち、三冠王に輝いた。村上のことを話すときに思い出すのは、ヤクルトで小川淳司《おがわじゅんじ》が監督をしていたときのことである。小川監督は習志野高校の2年後輩であり、沖縄のキャンプに視察に行った際は、食事を共にする間柄である。

そのときに小川監督が言っていたことが、とても印象に残っている。

「村上というすごい選手が入ってきたんです。いきなり僕のところに来まして、僕はどういうバッターになったらいいでしょうか？　ホームランを打つバッターですか、率を残すバッターですか、どういうタイプのバッターで野球やったらいいんでしょうか？と聞いてきた」というのだ。「そんな選手は過去にはいなかった」と、小川監督は驚いていた。

そのときに小川監督は「いや、まだどういう方向に行くかまったくわからない白紙の状態なんだから、今まで自分がやってきた野球を素直にやることだけ考えてやればいいんじゃないか」というようなことをアドバイスしたらしい。

村上は2年目の2019年に36本のホームランを打って新人王を獲得したが、そのときのホームランの数字よりも184個の三振が私には印象に残っている。

彼が3年目、4年目と成長していくためには、この184個の三振をどう捉えて、どう自分のバッティングを変えていくのかに関心があったのだ。

3年目の2020年シーズンはコロナ禍《か》の影響で120試合だったが、三振が115個だった。つまり70個ぐらい減っていた。ゲーム数は少なかったが、打率は3割をクリアし、ホームランは28本だった。

その数字を見たときに、彼自身がホームランを打ち、かつ打率を上げるために何が必要かということを、184個の三振が教えてくれたのではないかと考えた。ボールの見極めがバッティングの中ですごく大切なんだということを教えてくれた2年目の184個という三振の数が、村上の成長につながったと考えている。

4年目の2021年シーズンには巨人の岡本和真《おかもとかずま》と二冠を争ってホームラン王は2人が獲得した。そのときも、三振の数は徐々に減ってきていた。彼のバッティングがどう変わってきたかというと、私は184個の三振を喫したときのバットの角度はアッパースイングだと感じていた。アッパースイングは、点でしかボールをとらえることができない。しかし、レベルスイングであれば、3つぐらいのポイントをつくれる。

彼は、アッパー気味に入るスイングから、ダウンスイングから入ってレベルに入るスイングになっているように見える。彼が打っているホームランは、ベルトよりもやや高いぐらいの、本当にピッチャーの投げミスというボールに対する打ち損じが少ない。

この高さでバットにボールが当たるには、アッパースイングでは難しい。このベルトより少し高い位置にずっとバットのヘッドが乗っているから、多少ポイントが近くなればレフトに飛ぶし、いいポイントであればセンターに飛ぶ。ちょっと前でさばけばライトスタンドに飛ぶ。彼自身の打球方向は、レフトに打とうとか、センターに打とうとか、引っ張ろうとかということではなく、基本的に左中間方向へいいスライスボールを打つようなバットの面をつくっているのだ。

彼は今、手首を返そうというイメージはないと思う。

ボールとバットが当たったら、飛んでいく打球方向へバットのヘッドを放り出すようなイメージだろう。レフトでもセンターでもライトでもその方向にバットを放り出す。

逆に松井秀喜《まついひでき》選手はすごく手首が返るバッターだった。だから、松井選手は状態が悪いときはセカンドゴロが増えた。これはボールの外側を叩こうとするから、バットが体から離れていく。

村上の一番の特徴は、面をずっと保っていることだ。それと若いからできることだと思うが、強い下半身を生かし、スタンスが広く踏み込みが大きい。

スタンスが広ければ、右足を踏み込んだときに普通体は回らないが、広いスタンスでも体を回転させる、左足の軸足の強い力が彼の下半身にはあるということだ。広いスタンスの何がよいかというと、広いスタンスになると肩や体が傾かない。

だから、レベルで振れる。あの強い下半身と、あの少し広めのスタンスが素晴らしいレベルスイングを生んでいる。前に崩されたとしても、頭が前の膝よりも絶対に出ない。

あれだけ踏み込みが大きくて強いにもかかわらず、絶対頭が前の膝よりも後ろにあるから右手でバットを放り出せる。そのため、ちょっと崩されてもレフトにホームランを打ち、ライトまで入れられるだけの右足の壁をちゃんとつくれる。あの広めのスタンスは真似できるものではない。

スタンスを広くして打つことは良い点もあるが、強い下半身を持っていないとできない。

それともうひとつ。彼は新人のころは、打席に入ったときに右肩が少しキャッチャー側に入っていた。55番の背番号がよく見えた。

今は、右肩がピッチャーに向くようになった。そうすることによって、インコースのさばきがよくなる。右肩が入るとインコースの見極めが難しくなる。

その右肩の角度というものも、以前と比較して修正しているように見える。

これもやはり184個の三振からできてきていると思う。ホームランを強く打ちたいとなれば、絶対右肩を入れて遠心力を使って打ちたくなる。でもこれではほぼボールが見えない。

1年ごとの自分の野球に対する修正能力が、すごくあるバッターなんだということを強く感じる。

ホームランアーチストという言葉にふさわしいのは田淵さんしかいないと思っていたのだが、村上はホームランアーチストとしての後継者になりうる存在である。しかもそれがレフト、センター、ライトに飛ぶ。球場のすべてにホームランを飛ばせるアーチストは、日本人選手としては彼が初めてではないだろうか。

それと村上の特徴は、バットのヘッドをくり抜いていることにある。私はあまりヘッドをくり抜くのは好まない。

私は、手首は返せなかった。左手の小指下の手首を骨折したので、グリップを太くしたのだ。グリップが太いということは手首が返りづらい。バットのヘッドをくり抜けば、バットの芯はバットの中で少し下がる。多少差し込まれてもさばけるという、つまりインコースに差し込まれても、芯を下にちょっとずらしたバットを使えばそれだけさばけるという、そういう工夫をしているのではないだろうか。

今の彼の意識は、手首を返さずに左中間にホームランというバッティングだ。まずレフト方面に打ち、広角に打球を広げていくのが理想的なバットの角度といえる。

昔のホームランバッターは左バッターであれば、右側45度で勝負していた。右バッターなら左側の45度で勝負する。でも今の村上の場合は90度で勝負をしている。

2022年シーズンには、155本のヒットのうち56本のホームランを打っているのだから、ヒットの3分の1がホームラン。これは王貞治さんが55本の本塁打を打ったときとほぼ一緒だ。現在の試合数は143試合。王さんが55本塁打を放った1964年は140試合だった。王さんは55本のうち49本を右翼に運んだ。一方で村上は、30本以上が中堅から左に運んだホームランである。

四番の条件として、さらに挙げられるのが四球の多さだ。村上は2022年、118個の四球数がありながら、最多安打争いにも絡んでいた。

落合さんもよく言うことだが、三冠王は、ホームランを打つバッターしか獲れない。三冠王の第1条件は、ホームランバッターである。ホームランを放てば打点はついてくるが、打率と結びつけるのは非常に難しい。

そのホームランと打率を結びつけるものは四球だ。だから私は打率を3割以上残すために割り算をしなかった。打率は割り算で出した数字だ。ホームラン、打点は足し算で積み重ねていく数字である。

打率だけは割り算でも、それを割り算で考えると野球が難しくなってしまう。私はヒットの数の積み重ねと四球の数の積み重ねが、3割以上の数字を残すと考えた。3割以上の打率を残すために何を大切にするかというと、四球の積み重ねである。

王さんには、「ホームランの数を増やすためにはボールの見極めがすごく大切。バットを数多く振って、ホームラン数を増やそうと思ったら失敗する。ホームランを打てるボールが来るまでまず我慢。そのボールが来たときに振る勇気とそのボールを仕留める技術。これがひとつになって初めてホームラン数は増えるんだよ。だからそこにはボールを見る我慢がある。その我慢が四球につながるんだよ。だからボールの見極めを大切にしなさい」と言われたことがある。今の村上は、まさにそのボールの見極めも十分できるし、そのボールが来たときに振りにいく勇気と仕留める技術がある。

その技術とは手首を返さないこと。

彼独特の面で打つこと。普通、面で打つとそこまでの距離が出ないが、それだけの体の強さというものがある。

王さんの日記をかつて見せていただいたことがある。

ちょっと見せてやるわ、といった軽い雰囲気だった。

その日記には、王さんは常にライトにホームランを打つイメージではなく、センターバックスクリーンに打つイメージで打っていることが記されていた。それがライトに飛んでいるだけなのだ。

王さんが自分の感覚のなかではセンターを狙っていたということに私は驚いた。三冠王を獲るために引っ張っているのではない、と言っていた。田淵さんの場合はアーチストなんだからレフトに引っ張る。だから、率が追いついてこなかったのかもしれない。

1969年、70年、73年に王さんは最多安打と最多本塁打を両方獲得している。

2023年シーズンの村上宗隆選手は、少しスタンスが広すぎたり、背中を反りすぎるなど、すごく体全体に力が入っているように見えた。三冠王を獲ったからには、周囲からは打って当たり前のように見られてしまう。そのプレッシャーは相当なものだろう。相手のバッテリーも、当然厳しいコースを攻めてくる。

でも自分としては、当然打ちたい。その気持ちを押し殺すのはすごく難しい。三冠王を3回獲得した落合さんなどはそういう自分の打ちたい気持ちを押し殺しながらボールの見極めをして、打つべきボールを仕留めていた。

自分の野球を我慢するためには、前後のバッターの状態がよければできる可能性は高まるが、そうでなければ難しい。ヤクルトの外国人もそんなに驚くほど打つバッターではない。

村上選手が、チームの中心打者として自分が決めなければという気持ちが強くなると、多少のボール球でも強引に打ちにいってしまう。それがヤクルトが優勝した2022年であれば前後を打つバッターも好成績を残しているし、自分が決めなければというプレッシャーも少なかったはずだ。

2023年は少し強引になっていると思う。いい状態のときは凡打でも鋭いヒット性の当たりを飛ばし、結果は後からついてくるのだが、今年の場合は、結果を求めるあまり凡打しているときの打球がよくないと感じるのだ。ただ7月には3割以上の打率を残し、シーズン30本塁打以上を放ったのは流石《さすが》である。

◉──大谷翔平──並外れたヘッドスピード

現代のホームランアーチストとして別格なのは、やはり大谷翔平選手であることは間違いない。メジャーというトップクラスの野球の中で二刀流をこなしながら2023年は44本塁打を放ち、ア・リーグのホームラン王となった。故障によりシーズン終盤に離脱してしまったことは残念でならない。誰よりも大谷選手本人が悔しいはずである。

大谷選手のすごさがどこにあるかといえば、それはバットのヘッドスピードにある。

また、投手と打者の体づくりは別物である。正直、大谷がここまで結果を残せるとは思っていなかった。

以前の大谷は、バットのヘッドを下げて30度くらいの角度でホームランを打つことに徹していた印象があった。2021年は、マイク・トラウトやアンソニー・レンドンが故障で長期離脱をしていた。その中で46本の本塁打を打ったのは圧巻である。

前にも述べたが、後ろを打つバッターが弱ければ、大谷は敬遠されて歩かされてしまう。または警戒されてギリギリのコースを投げ込み、四球でもいいという攻めをされてしまうのだ。

23年もトラウトは骨折によって離脱し、大谷は敬遠で歩かされるシーンが目立っていた。

23年でいえば、大谷は打率3割0分4厘でシーズンを終えた。打率という点で見れば、21年から格段の進化である。21年はアッパースイングだったが、レベルスイングに近づいていることが打率にもよい結果を残しているといえるだろう。

レベルスイングで大切なのは、ベルトが地面に対してレベルに回ることである。

メジャーの投手はツーシームなど低めへの落ちるボールが主体だった。低めのボールを打つにはアッパースイングが適している。

アメリカで「フライボール革命」と言われたのは、ツーシームやスプリットの落ちるボールが全盛だったからである。その落ちるボールに対して、バッターにとってもっともよい対応がアッパースイングでフライを打ち上げるものだった。

元々はMLBで「スタットキャスト」と呼ばれるボールの打球角度を数値化する技術が開発されて、2015年から導入された。MLB中継で、大谷の打球速度などをよくアナウンサーが言うが、まさにそれである。打球初速度が時速158キロ、打球角度が26〜30度で上がった打球がヒットゾーンに飛び、スタンドインもしやすいと定義づけられた。いわゆる「バレルゾーン」である。ニューヨーク・ヤンキースの強打者アーロン・ジャッジ選手もバレルゾーンを意識して打っていると述べている。

バレルになる角度は、打球速度が速くなれば速くなるほど広がり、閾値《しきいち》（一線を超える値）とされる時速187キロに到達すると、8〜50度の範囲がバレルとなる。また、研究結果によると、直球を打つ場合は、水平面に対して19度アッパースイングで、ボール中心の0・6センチ下側をインパクトすると、飛距離が最大化するとされている。この考え方が広まって以降、ホームラン数は増加傾向を辿《たど》っていったが、1年間統計を取ると、たしかにホームランは増えるが、打率は下がり、三振の数も増えるという数字が残ったのである。つまり「フライボール革命」がすべて正しいとは言えない。

2021年のMLBでは、3割以上の打率を残した打者が、ア・リーグとナ・リーグを合わせても14人しかいなかったのである。その年のMLBの平均打率は2割4分4厘と、1969年以降で最低打率だった。ホームラン数は増えたものの、三振数は3万2404(2001年)から4万2145へと増大した。

同年の大谷は46本塁打という素晴らしい結果を残す一方で、打率2割5分7厘、189の三振数だった。

そのような打者のトレンドに対し、メジャーの好投手は高めに速いフォーシームを投げることがトレンドになっている。高めのフォーシームをアッパースイングで捉えることは逆に難しい。大谷選手の2023年のスイングを見ると、グリップの位置をやや低く構えてレベルスイングに変えているように思える。

今シーズンは、極端な内野の守備位置が変更されて、遊撃手がセカンドベースを超えて守ることができなくなったこともあるが、確実性が上がり、前述したが、打率も3割0分4厘を記録した。

　打者は、攻撃のポジションではあるが、基本は受け身である。主導権を握っているのは投手である。その投手の攻めるボールによって、スイングの軌道を変えていかなければならない。基本的にはレベルスイングを意識して始動すれば、低めのボールに対してアッパー気味に入ることも、高めのボールにダウン気味に入ることも臨機応変に対応し、勝負できる。

　いずれにしても、投手全体の進化は凄まじい。150キロ以上の速球を投げる投手は今や普通である。打者の進化をどのように図っていくかが問われる時代になったといえるだろう。

第二章

今の阪神打線について語ろう

◉——ホームランを20本打てるバッターが3人いればいい

本章では、現在の猛虎打線について語ってみよう。

打線について語る前に、現在の甲子園球場の広さを考えなければならない。1985年当時は、甲子園球場にはラッキーゾーンがあった。しかし、今はラッキーゾーンが撤去されており、85年当時のようなホームラン数は期待できない。どちらかというと左中間、右中間を抜いていって点を取っていくことが必要である。

前章で述べたように甲子園は左中間と右中間が広い。

打線には、本塁打を20本打てるバッターが3人いればいい。一番近本光司、二番中野拓夢と俊足の選手がいるので、ホームランでなくとも、右中間を抜ければ一塁ベースから一気にホームインできる。主軸の大山悠輔も佐藤輝明も足が遅いわけではない。

岡田監督は、ホームランを30本打てるバッターを3人育てるのは難しいと思っているのではないだろうか。ホームラン数が20本でも100打点をあげられる可能性はある。ホームランの数で打点を増やすのではなくて、確実性を高めた安打で打点を積み上げていくのもひとつの方法論である。スコアリングポジションにランナーがいるときに、ホームランを狙って大振りをし、ミスショットをしたらアウトだ。

大山にしても佐藤にしても20本か30本をクリアできれば、最高だと思う。その中で3桁の打点を残すために、ホームラン狙いか安打狙いか、いろいろもがくはずである。2023年シーズンは、大山が19本、佐藤が24本のホームランを放った。

佐藤は、6、7月は打率1割台と苦しんだが、甲子園球場でなければこのようにもがくことはなかったのかもしれない。ただ、私たちの時代よりも、甲子園球場周辺にマンションが立ち並び、浜風の影響を受けにくくなったといわれている。

佐藤は8月に入ってから調子が上向きになり、9月14日、優勝マジック「1」で迎えた甲子園球場での巨人戦で3年連続20号となるホームランをバックスクリーンに放った。夏場に調子を上げてきた佐藤は1年間戦う体力がついてきたのだ。

◉――近本光司――地獄ドラフトから生まれた救世主

近本光司選手について語ろう。近本選手は、関西学院大学出身で社会人野球の大阪ガスで1年目から活躍し、三菱重工神戸・高砂の補強選手として都市対抗野球本戦に出場した。翌2018年には見事優勝を果たし、首位打者にも輝いている。ただ近本は、藤原《ふじわら》恭大《きょうた》（現ロッテ）、辰己《たつみ》涼介《りょうすけ》（現楽天）の外れ外れの1位であり、将来の大砲候補を待ち望んでいた一部のファンからは「地獄ドラフト」と揶揄された。しかし、その年のドラフト3位が木浪聖也であり、6位には湯浅京己《ゆあさあつき》がいた。

2022年は三番を打つことが多かったが、2023年は、一番バッターに固定して岡田監督はずっと起用していた。打順を固定されれば、バッターとしては「出塁」という一番打者の役割に集中でき、打席に向かうまでの迷いがなくなる。出塁以外にも、八番を打つ木浪の状態がよければチャンスでポイントゲッターになる必要がある。

一番の役割を考えたときに、近本選手の大きな変化としては四球の数だ。四球の数が増えることにより、打率3割も見えてくる。

近本選手の目標は、四球の数よりもヒットの数で出塁を増やしたいという考え方だったと思う。しかし、年間のヒットを150本打ち、四球を50個以上選べば、200以上の出塁となる。2021年には178本でセ・リーグの最多安打に輝き、四球は33、打率3割1分3厘。2022年は154安打で、四球は41、打率2割9分3厘だった。

四球を意識すれば、打率もさらに安定したものになり、確実な出塁でチームへの貢献もさらに増えていくだろう。

そして何より、近本選手のバッティングにとって大きくプラスの影響を与えるはずだ。四球を選べるのは、投手の投じるボールをよく見極めているからである。バットとボールが当たるポイントを少し後ろで打てるので、レフト方向へもいい打球が飛ぶようになった。また、四球が増えるということは、ストライクゾーンから外れた球を振っていないということである。ボール球を振る確率が減ることは、バッティングが崩れないことにもつながる。ストライクゾーンを振るのであれば、スイングの形は崩れない。

だから四球を多く選べるバッターは、バッティングの状態のよいときが長く続くのだ。近本のボール球の見極め、四球数は、阪神の野球を変えることは間違いない。

2023年シーズン、近本の四球数は67個。一昨年、昨年の四球数を20個以上上回った。出塁率も3割7分9厘と一昨年、去年の3割5分台から向上した。一番バッターに固定されている近本の出塁が、阪神の命運を握っていることは間違いなかろう。

では、投手が投げたボールがストライクかボールかを、打者はどのタイミングで見極めればよいのだろうか。投手のプレートからホームベースまでは18・44メートル。150キロを投げる投手であれば、約0・4秒でキャッチャーミットに収まる。その1秒にも満たない間で、私の場合は、投手のリリースポイントとバットに当たるポイントの間に自分しか持てない架空の四角いストライクゾーンをつくっていた。ピッチャーの手を離れて、打つポイントまでにトンネルがあると思ってほしい。

昨今のメジャーリーグ中継では、ストライクの枠がテレビ画面に映るが、それがそのまま投手に伸びていっていると考えてほしい。

そのトンネルの中に入ってくるボールを打つ。トンネルから外れたボールはボール球である。トンネルの中のボールを近くまで引きつけて見極められる打者ほどよい成績を残せる。見極めが早くなる打者は、手元でボールが変化して振らされることも多くなる。

近本選手は、左投げ左打ちだ。左腕が強いのでポイントを近づけても対応できる。私のような右投げ左打ちとは、ポイントも異なってくる。

近本選手は春先に状態があまり上がらないことが多いので、自分の中でいいスタートを切りたい気持ちが強く、左腕を強く使わず、ショートの頭上に打球を放つイメージでバットの角度をつくっているように見えた。

村上宗隆選手のバッティングの話のときにもふれたが、いかにバッティングの面をつくるかである。面をつくるためには左手首が早く返ってしまってはいけない。左利きの選手であれば、左腕が強いためにどうしても左手首が返りがちになる。近本選手は春先に面をずっと保つような形で対応していたため、いいスタートを切れたと考えている。

近本選手は足のスピードと体の強さがあることが最大の武器である。怪我をしない、怪我に強いことは大きな武器だ。

2023年7月2日の巨人戦。高梨雄平《たかなしゆうへい》投手のボールが右脇腹付近に当たり、右肋骨《ろっこつ》骨折の診断を受けた。それでも3日の夜には、広島戦に備えて新幹線で広島入りしたが、4日午後に出場登録を抹消されると球団広報と共に帰阪した。しかし、7月22日には早くも復帰し、23日のヤクルト戦では盗塁も成功させ、フェンス際のジャンピングキャッチも披露した。

かつては金本知憲選手が左手首に死球を受けて骨折しながら出場し、鳥谷敬選手は鼻骨骨折をしながらフェイスガードをつけて出場した。そうした反骨心も阪神に息づいている魂ではないだろうか。

練習する体力があるということは、ひとつの才能である。そして、プロ野球は日本国内を移動しながら140試合以上を戦う。練習だけでなく、毎試合戦う体力がプロ野球選手には求められる。高校や大学で抜きんでた数字を残していたとしても、体力面ではプロの世界はまったく異なるといっていい。

投手は、8月ぐらいから体力的にも落ちてくる。夏場には打者の調子が上がってこなければならない。夏場に投手に合わせるように落ちていく打者は一流とはいえない。近本にはそれがない。

●──近本と中野拓夢の絶妙な仕掛け

近本と中野拓夢の一、二番は素晴らしい。近本が仕掛けを遅らせることによって、中野にすごく打ちやすい間を与えている。近本の仕掛けが早ければ、中野自身、仕掛けを早くすることはできない。近本が間をつくってくれるため、中野の仕掛けるリズムを早くしても問題ないのだろう。近本はボールの見極めといい、中野にいい間でバトンを渡している。

その間とは、もっとわかりやすくいうと、1球目から仕掛けられるということだ。

投手は、基本的に1球目は甘くて、だんだんと厳しいコースにボールを投じる。投手は1球目からギリギリのボールを投げない。なぜなら、1球目からウイニングショットを見せたら、それよりいいボールを投げないと、打者に見極められてしまうからである。

1、2球目のストライクを取ってくるボールが、甘いところから両サイドに広がっていって、ウイニングショットにつながっていく。だからツーストライクピッチャーとよくいうのは、ツーストライク目に最高のボールを投げすぎてしまい、投げるボールがなくなって真ん中に投げて打たれるのだ。それ以上のいいボールは、ストライクからボールになる球種でしかない。しかし、好打者はそれを見極めるだろう。だから近本はボールを見極めて間をつくることによって、中野の早い仕掛けのリズムをつくっていけるのだ。

一番打者の近本の前の打者は、九番の投手である。打席に入った投手を休ませる必要も生じる。投手が打席で打ち、全力疾走をした後、一番打者は1球目から打てるだろうか。そこで近本が間をつくってくれれば、中野は躊躇なく仕掛けられる。

ドラフト6位の中野は、新人にして難しいショートのポジションを奪取。30盗塁で、2001年の赤星憲広、2019年の近本以来の「新人盗塁王」に輝いた。

だが、岡田監督は中野の肩の弱さを見抜き、セカンドへのコンバートを決めた。平田勝男ヘッドコーチは中野を「菊池《きくち》（10年連続でゴールデン・グラブ賞に輝いた広島の菊池涼介《りようすけ》選手）以上の選手に育てる」と言っている。

このコンバートは中野自身から捉えると、セカンドのポジションは終着駅である。セカンドから別のポジションへのコンバートは、まずあり得ない。中野自身にとって、彼は終着駅のポジションで守っているわけだ。それが彼の危機感を生んでいる。このセカンドのポジションは誰にも渡さないという決意だ。ここしかないんだという最後の砦《とりで》である。だから随所に好プレーを連発して、頑張れる。セカンドに行ったことで、逆にいい意味の危機感を抱いているはずだ。

WBCでソフトバンクの近藤健介《こんどうけんすけ》選手と一緒にプレーして、同じ左バッターとして学んだこともたくさんあるだろう。近藤選手の打席は三振しようが、凡打になろうが、ヒットを打とうが、すごいの一言に尽きる。阪神の選手は見習うべきだと解説したことがある。

近藤選手は三振の仕方からも学べる選手である。自分がボールと思ったら、振りにいかない。審判はストライクをコールして結果としては見逃し三振なのだが、自分の選球眼を信じきる三振に近藤のすごさを感じた。だからこそ4割以上の高い出塁率につながるのだ。

◉――大山悠輔――頭の突っ込みがなくなった

大山悠輔選手のバッティングが覚醒した感がある。

元々打ちに行ったときに、頭が前に突っ込んでしまっていた。頭が前に突っ込むと当然目もボールに近づいていくことになる。

ボールに目が近づいていくと、バットを大きく振ることができなくなる。頭が突っ込まなくなって大山は、すごく前のフォロースルーが大きくなり、打球の飛距離も伸びていっている。頭が後ろに下がるような感じでバットを前に放り出せるので、目とボールとの距離がすごくとれて、バットを遠くへ放り出せるのだ。

それだけ自分の状態がよくなると、相手投手の攻め方も変わってくる。

簡単には初球からストライクを投げてはこない。外のスライダーかボール気味のストレートを投げて誘ってくる。アウトコースを見せてインコースの胸元に投げ込み、打者の上体を起こしにきたりもする。両サイドの出し入れで揺さぶってくるのだ。そして、アウトローのボール球で空振りか引っかけさせる配球をしてくるのだが、その配球に対しても大山は頭が前に突っ込まなくなったことで見極められるようになった。

目を近づけると意外に両サイドのボールを追いかけてしまうものだ。でも顔が止まっていると、両サイドのボールを追いかけずに見極められる。大山自身の四球数は2022年59個だったが、23年は99個と飛躍的に増えた。ボールを見極め、打つボールが来るまで待つ我慢もできているし、かといって大山の特徴であるファーストストライクに対する積極性も忘れていない。そういう意味ではストレート系で攻めてくるパ・リーグのピッチャーと大山のタイミングは合うのだ。2022年6月3日の日本ハム戦での1試合3本塁打は全部ストレートだった。また、大山は失敗の内容がすごくよくなっている。それを見たときに、大山は下降線を辿るような状態にはならないのではないかと感じた。

大山の守備力も向上している。相手打者の一、二塁間を抜けようかという打球を見事なグラブさばきで好捕している。サードを守っていたからこそ、左右の動きも上手い。大山はサードを守っているときには、送球の不安があったのかもしれないが、ファーストであれば、その不安はなくなる。その守りのリズムがバッティングにもつながっているのだ。

もし一塁しか守れない新外国人が入ってきたとしても、大山を一塁から動かすのは反対だ。バッティングも崩れていくかもしれない。

阪神が勝つためにはファースト大山で固定する。守る野球はすごく大切である。打っても3割だが、守りは9割9分の確率で勝ちにつなげられるからだ。

近本選手、大山選手はバットのヘッドが投手方面に倒れ、打つ瞬間にそのまま手首を最短距離で出して打つイメージだ。

大山選手の魅力は、何よりも近本選手と同じくシーズンを通して戦える体力があることだ。

2022年シーズンは23本塁打を放つ。生え抜き選手で3年連続20本塁打以上というのは21世紀初の快挙だった。

23年は19本塁打だったが、大山選手は、岡田監督の考える中軸としての役割を果たしているといえるだろう。23年はセ・リーグ打撃部門での四球数はトップである。大山選手に言いたいのは、3球目までのボールの見極めをさらにしっかりとするということだ。

阪神が来シーズンも優勝するためには、四番打者の座を任された大山が、シーズンを通してきちんと四番を守り切ることにある。四番打者がある程度固定されて1年間戦えれば、前後のバッターを誰が打つかももちろん大事だが、そのバッターも非常に楽になる。勝てない責任は、やはり四番にあるのだ。

大山は私が阪神2軍監督を務めていた2016年、ドラフト1位で入団してきた選手だ。

中央球界では無名だった大山の名前が読み上げられた瞬間、ドラフト会場内に響き渡った阪神ファンの悲鳴とも嘆息ともつかない反応――。大山は述懐した。

「悔しかった。一生忘れられない。声をあげた全員を見返してやる！」

その気概を持ち続ければ、大山は阪神の不動の四番になれるはずだ。

前章でも述べたが、チームの勝ち負けの責任を背負うのが「四番打者の条件」なのだ。阪神タイガースというチームは、特にその色が濃い。

極端なことをいえば、四番が打てなくてもチームは勝てる。別に私が打たなくても、真弓さんなり、バースなり、岡田が打てばチームは勝った。しかし、四番の私が打てば、勝つ確率が当然もっと高くなった。

それよりも、敗戦チームの「負の部分」を背負うことが本当に大切だったのだ。

仮に私が4打数3安打しても、チャンスで打てなくて負ければ、その打てなかった一打席をマスコミに痛烈に批判される。「掛布、チャンスで凡退」。いや、それでいい。四番が責任を背負うことによって、ほかの選手たちが非常に楽にプレーできるからだ。

「四番」は正直難しい。だからこそ「四番」なのだ。

大山が2023年のように、勝っても負けてもフルシーズン四番に座り活躍できれば、おのずとチームの結果はついてくるだろう。

近い将来、阪神が常勝軍団になっていくためには「真の四番打者の育成」が必要不可欠だ。そして可能性があるのは大山悠輔と佐藤輝明しかいない。2人が阪神タイガースの未来を大きく左右するのは間違いない。

◉佐藤輝明――魅力は、ボールを遠くへ飛ばせること

2020年のドラフトで4球団が競合した佐藤輝明。佐藤が入団したときの沖縄キャンプ初日にそのバッティングを見たのだが、正直プロでは厳しいかもしれないと思った。後ろに体重が乗ってしまい、ボールが前に飛ばないし、完全なアッパースイング。本当にこ

の先やっていけるのかと思ったのが、私の第一印象である。

しかし、2日目もキャンプ視察に行った際に、球場には昨日とは別人の佐藤が存在していた。レベルスイングを行い、体の動かし方も違う。沖縄・宜野座《ぎのざ》のバックスクリーンを越えていくホームランを打ったのだ。佐藤には修正力や対応力があると思った。

指導者から言われて修正して対応していくこともすごく大切ではあるが、自分で考えて修正、対応していくことのほうがもっと大切だ。

わずか1日で問題点を「修正する能力」に私は正直驚いていた。このとき、佐藤の潜在能力は清原和博や松井秀喜に匹敵すると感じたのである。さすが、ドラフト1位で4球団が競合した選手だけのことはあると痛感した。

1年目のオープン戦で3試合連続を含む6本塁打は、1965年のドラフト制導入以後最多だ。長嶋茂雄さん（巨人）は7本塁打したが、3試合連続はできなかったそうだ。

キャンプやオープン戦の結果次第で、周囲の反応は180度変わってくる。

「ドライチ（ドラフト1位）なのに、こんなものか」

結果が出ないと、スポーツ新聞にも叩かれ、周囲の視線が厳しくなり、自分の居場所がなくなるような感覚に襲われることになる。そして、他の選手に気を遣わなくてはならなくなる。

それが、結果が出ると変わる。

「さすがドライチの素材。少々のことには目をつぶり、大きく育てなくては」と、周囲が佐藤を気遣うようになるのだ。

「阪神のドラフト1位」としての自分の位置づけを、キャンプやオープン戦を通じて1年目の佐藤はつくり上げることができていた。だから、周囲からとやかく言われず、自分の野球を落ち着いてやれていた。新人離れした立ち居振る舞い、10年選手顔負けのふてぶてしい雰囲気と言われたのは、ルーキー誰もが通らねばならないチーム内の戦いから勝ち取ったものなのだ。


東京オリンピックでペナントレース中断前の2021年7月7日、チーム77試合時点で佐藤はシーズン20号に到達した。

プロ入り当初は、バットのグリップから右手小指を外していた。しかし、いつのころからか、グリップに右手小指をかけるようになった。

グリップから小指を外すと、バットを目いっぱい長く持つことで遠心力が使える。そのぶん、スイング時にバットのヘッドが下がって、打ち損じる確率も高くなる。

グリップに小指をかけるようにしたことで、スイング時にバットのヘッドが下がらず、レベルスイングができるようになった。この「レベルに振る」ということが大事だ。よく「バットのヘッドを立てたままスイングしろ」と言われるが、実際問題、バットのヘッドを立てたままミートはできない。あくまで意識の問題である。

8月13日、ペナントレース後半戦が始まってから、バットを持つグリップの高さも少し下がった。


グリップを高く構えると、佐藤は187センチの長身で的が大きいから相手投手に内角高めを攻められてしまう。そしてバットの軌道が遠回りするので、振り下ろすときにブレが生じる。グリップの位置が下がったことにより、隙やブレはなくなったし、肩回りの余計な力も抜けた。

テークバックが小さくなり、バットが体に巻き付いて出てくるようになった。後ろ（テークバック）が小さく、前（フォロースルー）が大きい。後ろが小さければミスも減る。

俗に言う「インサイドアウト」——グリップからバットを出して、そのグリップが先行して、その後にバットのヘッドがついていく。扇が開くようにバットのヘッドが返っていくのだ。

さらに、強振しなくても、しっかりミートすれば、元々スイングスピードとパワーがあるから飛距離は大きくは落ちない。前半戦で20本塁打した経験値として感じ取ったのだろう。

だから、それも前述した修正力と対応力だ。アマチュア選手がプロ入りして成功できるか否かは、結局その力があるかないかだ。

たとえば、1年に東京大学に入学できるのは約3000人。一方、1年にNPB入りできる選手は100人強。プロ野球選手になることは、東京大学に入学するよりもはるかに狭き門である。その狭き門を通過した選手は、いずれも突出した野球の技術を持っているはずだ。

しかし、詳しくは後述するが、野球は打者であれば7割失敗するスポーツである。失敗することを前提として、失敗を課題と捉えて対応し、軌道修正する能力が求められるのだ。自分の課題を見つけて克服できる選手は、ドラフト下位指名であろうとプロで通用する。

佐藤は、他の選手にない遠くに飛ばす能力があり、かつ自身の修正能力に優れた選手である。

●――成長するためには試行錯誤が必須である

2021年の佐藤のホームランの傾向として、「6回の3打席目、走者なし」が24本塁打のうち8本あった。

先発投手は、6回突入時点で好投していて球数が少なかったとしてもおよそ70球から80球になる。もちろんピンチになるとギアを上げる投手もいるが、ストレートの伸び、変化球のキレも落ちてくるころだ。

逆に、打者は同じ投手と対戦していれば、3打席目は球筋に目が慣れてくるころだ。投手の下降曲線と打者の上昇曲線がクロスし、交わるポイントが6回ということになる。

私の現役時代の大エース・江川卓（巨人）、次の世代の斎藤雅樹《さいとうまさき》（巨人）、そして田中将大《たなかまさひろ》（楽天ほか）、菅野智之《すがのともゆき》（巨人）……完投能力があって勝負どころでギアを上げられる投手はごくひと握りで、ほとんどの投手のスタミナが切れてくる。

だから、守備側はリリーフを7回から投入することになる。MLBでは、先発投手が100球に近づけば交代となる。

「佐藤は動体視力が優れていて、投球をギリギリまで呼び込めるのではないか」

プロ野球のカメラマンが、望遠レンズでとらえた佐藤の本塁打の写真を20枚持ってきて、そう言ったことがある。本塁打の写真ばかり集めて持ってきているので、いい打撃フォームで打っているのは当たり前かもしれない。

「ホームランの写真でも、視線がミートポイントよりかなり先に行っちゃって、格好悪くて新聞に使えない打者は多いんです。しかし、佐藤の視線はミートポイントの球に行っている」

ある眼鏡メーカーがプロ野球選手の動体視力を計測したところ、動体視力と成績には明らかな相関関係が出ていたそうだ。当然、動体視力が優れている選手は好成績を残している。

佐藤は現時点でも左腕の使い方が上手い。スイングスピードが速くて強い。クルマでたとえるなら、さらに排気量を上げていくことは絶対必要だ。ただしそのぶん、テクニックが求められる。

佐藤は私と同じ右投げ左打ちである。私は、箸《はし》を左で持ったりして子どものころから左腕を使う習慣があった。だから、プロ入り時の握力が両方73キロで変わらなかった。日常の生活やトレーニングで意識的に左腕強化に取り組んでいた。

かつて金本知憲も通算350本塁打をマークしたとき、「同じ右投げ左打ちの掛布さんの349本塁打を超える夢がかなった」と言ってくれたことがある。

最近の科学的トレーニングの日進月歩ぶりは目を見張るものがある。私が2軍監督を務めていた2017年ごろ、体重計ひとつを取っても、乗っただけで太ももの周囲まで瞬時に計測できた。あれから数年、さらなる進化は明らかだ。

私が言わんとすることは、体づくりにおいて「右投げ左打ち」選手の「押し込む力」が、野球界においてかなり強化されているということだ。

メジャーの大谷翔平を見ても、左中間、センターに放った打球がスタンドインする。

大谷は日本人としては大柄な193センチ、95キロだが、メジャーリーガーの中では飛び抜けて大柄とはいえない。しかも、日本人本来のパワー自体は劣るはずだ。それだけにウエイトトレーニングなどによって、左腕《かた》の「押し込む力」が強化されていることは想像に難くない。

さらに科学的データの活用だ。投手のリリースポイントや回転数、打球の速度や角度を計測できる弾道測定器「トラックマン」を使用したデータ収集や、「フライボール革命」が浸透しているのはいまさら言うに及ばない。

佐藤の話に戻ると、余分な筋肉をつけると、三角筋に無意識に力が入った際に腕が勝手に上がってしまい、バットの軌道が自分が思うところより高くなってしまうそうだ。筋肉は重いので、大きくなりすぎるとキレがなくなる。そのあたりのバランスの取り方は、優秀な阪神のトレーナーが控えているので心配は無用だろう。

2021年シーズン、佐藤は126試合に出場し、球団新人本塁打記録の24本、101安打で打率は2割3分8厘だった。プロ1年目の成績と考えたら、合格点である。

2022年シーズンは開幕から四番を任されていた。四番は、失敗を許されないという部分と、チームの負の部分を背負わなければいけない——そういう打順だ。2022年の開幕当時、私は、佐藤は四番ではなくて三番のほうがよいと考えていた。打席数も多く回ってくるし、四番のプレッシャーからも解放される。四番は大山が務めるべきだと考えていた。大山は経験値もある。佐藤には楽に野球をやらせてあげてほしいと考えていたのだ。

2年目の佐藤と対談させてもらったとき、グリップや打つ形、バットの長さを含めて、「すべてにおいて試しています」と言っていた。

私は2022年シーズンに守っていたライトというポジションもいいと思うのだが、大学時代にはサードを守っていたので、多分サードというポジションのリズムで野球をやりたいと思っているはずだ。

私は、2023年シーズンのように、佐藤にはサードというポジションを守らせてあげて、佐藤のリズムをつくっていく野球をさせてあげたいと思って発言してきた。

私の理想としてはサードが佐藤、ファーストが大山で、巨人のV9時代のONのようなレギュラーとしての2本の柱をつくることができれば、阪神の中長期的な形というものが見えてくると思う。

巨人の岡本和真、ヤクルトの村上宗隆らと同じサードというポジションだ。阪神のサードが佐藤になって、セ・リーグを代表する三塁手がそれぞれチームの顔として、ホームラン王や打点王などのタイトル争いに絡んでくるのが理想だ。

チームの勝敗もすごく大切ではあるが、プロ野球ファンは同じポジションの選手がタイトル争いをすることにわくわくするだろう。

佐藤はもっと上を目指せる選手である。彼が完成していくのには、あと1年か2年くらいはかかるだろう。ただ、修正して対応する能力があるので、彼は乗り越えていけると期待している。

そして、佐藤が成長していく上で忘れてはならないのは、誰よりも打球を遠くへ飛ばせる最大の特徴を絶対消しては駄目だということである。

第三章

猛虎の打撃論

●山内式と中西式

猛虎打線を振り返るにあたり、山内一弘《やまうちかずひろ》、中西太コーチを差し置いて語るわけにはいかない。

私は1974年にプロ入りしたのだが、75〜77年は山内一弘さん、79〜81年は中西太さんと球史に残る大打者の薫陶《くんとう》を受けたことは、バッティングの血となり肉となった。

重心のかけ方として、そもそも日本野球の打法は「山内式」と「中西式」の2つに大別されるといわれる。山内式は、後ろ側の足を軸にして体を回転させるオーソドックスな「軸回転打法」。中西式は、テニスのように体重を後ろ側の足から前側の足に移動させる「体重移動打法」だ。

代表的な「山内式」の打者は野村克也《のむらかつや》さん、落合博満さん、松井秀喜、松中信彦《まつなかのぶひこ》（ソフトバンク）、和田一浩《わだかずひろ》（西武ほか）、中村剛也《なかむらたけや》（西武）ら。一方の「中西式」は、若松勉《わかまつつとむ》さん（ヤクルト）、原辰徳《はらたつのり》（巨人）、古田敦也《ふるたあつや》（ヤクルト）、イチローらだ。

「シュート打ちの名人」と言われた山内一弘さんは、通算３００本塁打を史上初めて達成した打者である。通算成績は、２２７１安打、打率2割9分5厘、３９６本塁打、１２８6打点、首位打者1度、本塁打王2度、打点王4度を獲得した大打者だ。

ある夜、私が一人でバットを振っていると人の気配を感じた。そこには山内さんが立っていた。山内さんは何も言わずに黙って見ていた。手にはゴルフクラブを2本持っていて、そのうち意を決したように、私の前に平行に並べて突き出した。その2本のゴルフクラブで20センチほどの空間をつくり、「クラブに触れないようにこの間を抜いてスイングしてみろ！」と言うのだ。

それは簡単なようで難しかった。

私の打撃理論では、バットはダウン↓レベル↓アップと軌道を描くことになるが、インパクトの瞬間にはレベルなスイングができていないとゴルフクラブに当たってしまう。ゴルフクラブを標的にしたスイングでは、自然とレベルな体の使い方と体重移動の感覚を覚えた。左足から右足に体重が移動、次に左足にバンと体重が戻ってくる瞬間に体を回転させる。当時の体重は76キロ前後だったが、その体重をすべてボールにぶつけるような体重移動だった。

山内さんは「切腹するように打ちなさい」などと多くのアドバイスをくれた。山内さんがタイヤを2つ準備して、タイヤとタイヤの間をバットで振り抜く練習も行った。

相手のピッチャーが仮に低めの変化球ばかり投げるような時代であれば、アッパースイングのほうが当たる確率が高い。ただ私たちの時代は、ストレートが主流だった。前述したが、アッパースイングではストレートはなかなか打てない。

山内さんが合宿にいるころは、もうつきっきりで1時間ぐらいスイングさせられるのが当たり前だった。300球、400球打って「疲れてもうバットを振れない」となったとき、力が抜けて、一番楽な形でバットのヘッドを走らせる振り方になる。その感覚を徹底して学んだ。

中西さんからはボールにスピンをかけ角度をつけて飛ばす打法を学んだ。キャンプ中には、宿舎に用意されたバットスイング場の片隅に呼ばれ、スポンジでつくった軟らかいボールを真正面から投げてもらってティー打撃をした。阪神の2軍監督、コーチをしていたとき、私は若い選手にスポンジボールを使ってティー打撃をさせていたのだが、その原点である。

私はアウトコース甘めのストレートを左中間に打ち返すタイミングで待ちながら、インコースのボールに対応していた。右打者は少し体が開いたとしても一塁に走る意識があるため、アウトコースのボールに届くのだが、左打者は一塁に走る意識が強くなるとアウトコースのボールにバットが届かなくなるのだ。

三冠王を三度獲得した右打者の落合博満さんは、まず危険球を回避する意識をもってバッターボックスに立っていたという。しかし、落合さんはアウトコースのボールにも踏込んで右中間にホームランを打っていた。左打者の私が危険球を意識しすぎていたら、左投手のアウトコースのスライダーにはバットが届かなくなる。それは、やはり一塁に向かって走らねばならない意識が潜在的にあるからだ。

中西さんの教えには「投球の内側からバットを出すインサイドアウト」「反対方向に引っ張る意識で投球を強く叩く」などがある。「守り専門」だった宮本慎也《みやもとしんや》（ヤクルト）が、中西さんの教えで通算2000安打をマークしたのは有名な話だ。

「怪童」と呼ばれた中西さんは戦後、打球が飛ばない「投高打低」の時代に革命をもたらした。高卒1年目は新人王、プロ2年目の1953年から4年連続本塁打王。

1953年、全120試合出場で146安打、打率3割1分4厘、36本塁打、86打点、

36盗塁でトリプルスリーを達成した。

1956〜58年、西鉄は日本シリーズで3年連続して巨人を下す。三原脩《みはらおさむ》監督のもと、「神様」稲尾和久《いなおかずひさ》さん（シーズン42勝）、そして豊田泰光《とよだやすみつ》さん（首位打者1度）、大下弘さん（首位打者3度、本塁打王3度）らと共に「流線型打線」で打棒をふるった。

「ショートがジャンプした打球がスタンド入りした」という逸話を残すほど、飛距離と打球スピードはケタ違いだったらしい。


中西さんからは「いいよ、いいよ、それなんだよ」と長嶋さんのような指導で引っ張ってもらって、1979年に48本で本塁打王、82年には本塁打王と打点王を手中に収めることができた。

当時は、1977年から81年まで5年連続40本、100打点の山本浩二《やまもとこうじ》さん（広島）との激しいツバ競り合いをしていた。私は82年に2度目、84年に3度目の本塁打王に輝き、1度目の本塁打王がフロックではないことを証明できたのである。

◉──168センチ・65キロからの本塁打王

私は2軍監督時代に、春季キャンプ突入前、若手選手たちにこう話しかけた。

「これから希望に満ちた野球が始まるというのに、申し訳ない。この1年が終わったら、この中に必ず何人かクビになる選手がいる。いいじゃないか。それがプロの世界だ。ただ、そのときに自分に言い訳をしたり、他人のせいには絶対にするな。最後に悔いを残さずユニフォームを脱げるような1年にしてもらいたい」

すると若い選手が言った。

「掛布監督は特別です。高卒1年目のオープン戦、東尾修さん（太平洋）からいきなり4打数2安打、次の試合でも4打数4安打したんですよね」

私は反論した。

「なんで俺が特別なんだ？　俺はテスト生で入ったんだよ。そのときは168センチ・65キロだったんだよ。自分がやってきたことしかできないだろう。そうしたらヒットを打ってしまっただけだ。でも、自分に負けない努力はしたよ。だって、辞めるときに悔いを残したくなかったから」

思い起こせば高3の夏の千葉県大会、「身長170センチ」で登録した覚えがある。実際は168センチだった。体重は65キロ。それがプロ最終年には「175センチ・77キロ」と『プロ野球選手名鑑』に記されている。

最近、岡本和真（巨人）や村上宗隆（ヤクルト）を見ていると、恵まれた体から放たれた打球がピンポン球のようにスタンドまで飛んでいくのがうらやましい。

ちなみに村上の所属するヤクルトスワローズの打撃コーチは杉村繁《すぎむらしげる》さんである。杉村さんは、1970年代にヤクルトでコーチを務めた中西さんの指導法を引き継いでいる人である。

野球の硬式球の直径は約7・4センチ。ボール半個分で勝負するプロ野球だから、身長が3〜4センチ違えばかなりのハンデがある。

MLBにはホセ・アルトゥーベ（ヒューストン・アストロズ）のように168センチ・75キロと小柄でも全身がバネのような身体能力を持ち、シーズン150〜200安打・20〜

30本塁打をマークする選手もいる。

小柄な私が本塁打王を争うということは、現在の日本球界でわかりやすくいえば、175センチ・80キロと同じく小柄な青木宣親《あおきのりちか》（ヤクルトほか）がシーズン40本塁打を打つようなイメージである。青木は日米通算2500安打を達成しているが、20本塁打に達したのは2007年の一度しかない。

◉――7割の失敗にこそ意味がある

打者心理や投手心理の野球の対決は、将棋や囲碁の盤上のように、宇宙のごとく果てしなく広く、答えがないのだ。

私が初めて3割を打った1976年のオフ。知人の結婚披露宴で、還暦を前にした58歳の将棋の名人（実力制第四代名人）・升田幸三《ますだこうぞう》先生に対面する機会に恵まれた。私は21歳の青年だった。

升田先生の順位戦での勝率7割2分4厘（139勝53敗）は、現役を除く歴代A級棋士の中で最高を誇る。

長嶋茂雄さんと対談の際には、「野球は3割打ったら上等とされるが、将棋は7割勝たないと一流とはいえない。精進したまえ」と升田先生がアドバイスし、長嶋さんがスランプを脱したという逸話がある。

私は升田先生に助言を仰いだ。

「野球に怖さを感じています。これから私の野球って、どうなるんでしょう」

「数字の成長はないのか。君が10年後の30歳のとき、打率4割を打てるのか？」

「4割は打てません。3割を打つためにやっぱりバットを必死に振っていると思います」

「それが野球の怖さだろう。将棋の世界にも失敗はある。でも、いい失敗と悪い失敗がある。野球の世界も7割の失敗の中にヒントが必ずあるはずだ。失敗でチームを勝たせることもあるんじゃないのか。失敗を大切にしなさい。それこそが君の野球の成長につながる」

通算714本塁打のベーブ・ルース以上だという評価もある「最後の4割打者」「打撃の神様」テッド・ウィリアムズの名言がある。

「スポーツの中で一番難しいのはバッティングだ」

打撃の神様であっても、バッティングは難しいと言う。普通に7割近くは失敗する。しかし、升田先生の言うように7割の失敗の中にも、当然「いい失敗」もある。

だから私は、7割の失敗の中に「四番の意義」「四番としての犠牲」があるのではないかと考えた。3割の成功でチームを引っ張るのはある種当たり前、簡単なこと。「フォア・ザ・チーム」――チームの勝利のために大切な犠牲の1個のアウトがある。7割の失敗の中で、相手投手に対していかにプレッシャーをかけるか。

仮に私と江川卓投手が10回対戦して10打数0安打としても、すべてがバットの芯でとらえたホームラン性の当たりだったとしたら、江川は10の0と思うだろうか。逆に10打数4安打としても、ボテボテのゴロのヒットなら、私は打ち勝ったとは思わない。

◉――カウントは自然と整うもの

ファンが「ホームランを見たい」と言うのは、彼らもその瞬間を感じたがっているからだ。

仮に負けていようとも、時間を止める1発の本塁打を相手チームのエースといわれる投手から放つと、エースのリズムが変わる。だから甘い球を見逃さないこともたしかに大切だが、ときには相手エースのウイニングショットを狙って仕留めなくてはならない。それが本塁打や安打にならなくても、十分なプレッシャーを与えられる。

駆け引きは「相手投手を知る」ことも大切だが、それ以上に「己を知る」ことがすごく大切だ。私でいえば、本塁打もあるし、打率もそれなりに残せた。それによって自分を攻めてくる相手の配球が自然とわかるようになった。全部が全部ストライクの勝負はしてこない。すると、バットを振らなくても、ある程度カウントは整っていくものなのだ。

たとえばボールが先行し、2ボールになったとしよう。このとき、次の甘い球を狙いにいくのももちろん大切だ。

だが、ここでど真ん中の甘いストレートを簡単に見逃す四番は怖い。「何を考えてるんだ?」と、バットを振らずして投手にプレッシャーをかけることができるのだ。

2ボール1ストライクからのカットボールも見送る。相手は「何を待っているんだ?」と迷うだろう。あえて2ボール2ストライクのカウントに持ち込み、ここから本当の駆け引きが始まる。最後はウイニングショットのフォークボール……打者としては、狙い球を絞りやすくなる。ときには決め球を打って、相手にダメージを与えなくてはならない。結果として、四球も増えていくだろう。

相手のことはもちろん研究しなければならないが、その前に己を知る必要があるのだ。そこで相手と勝負をするのだ。

この駆け引きができるのは「四番の器」を持つ打者だけかもしれない。

◉——150キロの球速を100キロに感じるための練習

次ページの表は私の打撃成績だ。太字は私が定義した数字をクリアした箇所（下線はリーグ最高）。こうして見ると、私は現役15年のうち、1978年・79年・82年・83年・85年の5度、自分自身が定義した「四番」の務めをクリアしたことになる。

これらの数字は、最近でいえばOPS（On-base Plus Slugging）に相当すると思う。出塁率（「安打＋四球＋死球」÷「打数＋四球＋死球＋犠飛」）と長打率（塁打数÷打数）を足した値で、数値が高いほど打席あたりでチームの得点に貢献したことになる。

前述したが、私の打球角度は30度。田淵さんは浜風に乗せてレフトスタンドに放り込むので50度だった。私は浜風に逆らって右翼にホームランを打つためには、高い打球では風

掛布雅之　年度別打撃成績（太字はリーグトップ）

	監督	順位	試合	安打	四球	安打＋四球	打率	本塁打	打点	三振	OPS
1974	金田	4位	83	33	28	61	.204	3	16	38	.633
1975	吉田	3位	106	78	22	100	.246	11	29	68	.716
1976	〃	2位	122	132	54	186	**.325**	27	83	52	1.015
1977	〃	4位	103	126	50	176	**.331**	23	69	58	.986
1978	後藤	6位	129	148	63	**211**	**.318**	**32**	**102**	86	.970
1979	ブレイザー	4位	122	153	58	**211**	**.327**	**48**	**95**	61	1.088
1980	中西	5位	70	59	26	85	.229	11	37	47	.686
1981	〃	3位	130	156	85	**241**	**.341**	23	86	54	.993
1982	安藤	3位	130	151	79	**230**	**.325**	**35**	**95**	69	1.033
1983	〃	4位	130	143	72	**215**	**.296**	**33**	**93**	81	.949
1984	〃	4位	130	119	102	**221**	.269	**37**	**95**	83	.963
1985	吉田	1位	130	143	94	**237**	**.300**	**40**	**108**	62	1.017
1986	〃	3位	67	64	25	89	.252	9	34	40	.732
1987	〃	6位	106	88	33	121	.227	12	45	61	.660
1988	村山	6位	67	63	28	91	.250	5	32	37	.683
	通算15年		1625	1656	819	2475	.292	349	1019	897	.913

に押し戻されてしまうため、常に30度の打球角度を意識していた。

逆にレフト方向の打球に関しては、少しスライス気味の回転で上げようという気持ちがあった。ボールのどこをとらえて、どのようなスピンをかけて打つかは、スポンジのボールで徹底的に練習した。

ただ、プロ野球の投手は速球派投手であれば150キロ以上のボールを投げ込んでくる。スポンジボールを打てても、プロの投手の球を打てるのかという疑問が湧いてくる。しかも、バッティング練習では、150キロのボールを打つわけではない。もっと遅い球速のボールを打つのだ。

ここで打撃のポイントとしては、150キロのボールを150キロと脳が認識してしまうと打てない。それをいかに100キロとか120キロぐらいの緩いボールだと見えるようなタイミングを、自分の中でつくっていくかが大切である。打撃の神様で巨人のV9の監督だった川上哲治さんは、好調のときには投手の投げるボールが眼前で止まって見えたという。

だからスポンジボールを打つというのは、そういう感覚をつかむためのものだ。

実際、私も打席に立ったとき、投手の投げるボールのスピードがスローモーションに見えることがあった。

たとえば新幹線に乗っているとき、30分ぐらい乗っていれば、目が慣れて景色が鮮明に見えるようになることを体験するのではないだろうか。新幹線に乗車してその速度が300キロを超えたとしても、目が慣れてくれば、窓の外の風景がはっきりとわかるようになる。極端にいえば、通過する駅名が読めるようになる。

車を運転して高速道路でスピードを上げると最初は速く感じるが、1時間も走っていると、スピードを体感しなくなってくる。

以前、ある番組で実験したことがある。レース場でマシンが出したボールを、私が200キロで走るオープンカーに乗ってつかむことができるのかというものだ。200キロのスピードで走るとすごい風で、手が揺れてボールは捕れなかったが、ボールは止まっているように見えた。つまり、200キロのボールも、そうやって200キロで走れば止まって見えるのだ。だから、そういうタイミングを自分でつくるために努力するのだ。それがバッティングではすごく大切なことである。

ボールを遠くへ飛ばすために一番大切なのは「見る」ということである。

「見る」ことができるようになるためには、体調管理からやっていかなければならない。

以前、大谷翔平選手が、ヤンキース戦後の囲み取材で「ニューヨークでお気に入りの場所は？」と聞かれて「外出したことがないので……」と答えて話題になっていた。そして睡眠のコントロールをしていることにもふれていた。

私たちの時代は、体調管理についてはまだ十分に行われていなかったといえる。今は各球団ともトレーナーがいる。阪神の2軍選手も栄養学などを勉強している。私たちの時代に比べて格段に進歩していて、その土台の上に練習を行う。

ボールの見方は、自分で感覚をつかんでいくしかない。100キロのボールが150キロに見えるときもある。タイミングが合わなければ、そういうときもあった。その100キロを50キロに見えるようにする。そのためにも、緩いボールでタイミングの取り方をつかむのはとても大切な練習である。

◉阪神2軍監督として選手の特徴を最大限に生かす

最初に阪神の2軍との関係を持ったのは育成コーチという形でだった。当時の中村勝広《なかむらかつひろ》GMから、2013年のドラフト2位で鹿児島実業から入った横田慎太郎《よこたしんたろう》選手を長距離バッターとして育てるために育成コーチとして見てもらえないか、と話をいただいたのだ。

その2年後に金本知憲が阪神の監督に決まり、非常に若いスタッフで新しいシーズンを戦っていく形が見えたので、球団社長に「もうこれでやめさせてほしいんです。育成コーチに1回区切りをつけさせていただけませんか」と申し出た。すると球団社長からは「金本監督のほうから、掛布さんに毎日のように2軍の選手を見てもらえるような立場で野球をやってもらうことはできませんかという話が出た」と聞かされたのだ。

2軍監督に就任した私は、2軍のチームの勝利よりも一人でも多くの選手を1軍に上げたいと思っていた。選手の特徴を自分の目できちんと見極めて、その選手が1軍に上がるためにどういう野球をやることがベストなのかということをずっと考えていた。

たとえば、ノーアウト一塁、二塁で長打が魅力の選手にバントをさせるかといえば、させなかった。仮にその選手がバントに成功したとしても、1軍に上がれるわけではない。長打やホームランを打ってこそ、コーチ陣の記憶に残っていく。

植田海《うえだかい》選手には、脚力を生かすためにスイッチヒッターに挑戦してもらった。ヒットを打つ前に絶対バントを失敗しない選手になれば1軍に上がれるぞ、と徹底的にバント練習をしてもらったこともあった。

◉──横田慎太郎選手との思い出

横田との思い出は尽きないが、技術的なことから述べてみたい。

横田は、ひじが外側に開いてしまうという癖があった。脇が締まらないのである。187センチという大柄な体と運動能力の高さからすごく期待できる選手だと思う一方で、その癖を修正しないとプロとしては厳しいのではないかという思いがあったのは事実だ。

私は脇を締めて右手をリードさせるために、グリップエンドをボールにぶつけるようにすればいいと指導していた。

あるとき、キャンプを訪れた藤田平さんに相談したところ、「トンカチを持ってこい」と指示された。ハンマーのようなもので横田に打撃練習をしてもらうと、たしかに当たる部分を投手側に向けると自然と投手側の脇が締まり、右腕のリードがよくなった。

またバットを振るとき、左腕はおへそのほうにいかないと駄目なのだが、ひじが開いてしまうため遠回りしてしまっていた。

ソフトバンクの松中信彦選手に左腕の使い方を教えてもらったこともあった。私は右投げ左打ちだが、横田選手は左投げ左打ちで、利き腕の左のほうが力が強いので、私とはタイプの異なる左打ちだ。一方で松中選手は左投げ左打ちだ。松中選手の現役時代のインコースのさばき方は、プロ野球界で1、2を争うものだった。そして松中選手は、「掛布さん、ロングティーでセンターに高くボールを上げる練習をしてください。そうすれば左腕が自然に体に巻き付くようになります」と教えてくれたのだ。

横田はすごく素直な気持ちをもった選手だった。だからあまりにもすべてを受け入れすぎてしまう部分がよさでもあり、弱点になることもある。横田には、もっと捨てる勇気をもちなさいと伝えた。全部1回取り入れることは大切だ。その中で自分で嚙み砕いて、自分に必要なものと必要ではないものを選別する。当然合う合わないがあり、そういう中で捨てる勇気というものを持たなければならないと伝えたのだ。

また、「一人でやる準備」といわれる練習を大切にしなさいということを、横田にはずっと言っていた。横田は、遠征先のホテルでバットを振っていた。教育リーグで台湾遠征に行ったときに、代表のマネージャーの方に「このホテルでバットを振る場所はありますか」と横田が聞きにきたと伝え聞いた。そのような話を第三者から聞かされたときに、横田という選手はもう一人で野球ができるように成長してきたんだなと感じた。マネージャーの方からは「こんな選手初めてです。素振りする場所ありますかと聞きにきた選手は……」と聞いたときにはとても嬉しかったし、横田らしいなと思った。

横田は気持ちの強さを持つ一方、誰からも好かれる性格のよさもあった。病気のため2019年に引退し、闘病を続けていたが、2023年7月に28歳の若さで亡くなった。あれだけ野球が大好きな男に、もっと野球をやらせてあげたかった。

そして、もう一人、印象に残っているのは江越大賀《えごしたいが》だ。走る、投げる、守る、は一流。あとは、バッティングで大切なボールの見極めができればよかったと感じている。

江越には北海道日本ハムファイターズで一皮むける雄姿を期待したい。日本ハムの新《しん》庄剛志《じょうつよし》監督も身体能力に優れた江越を評価してくれているのではないかと思う。

2軍の選手には、心に笑顔をもちながら、悔し涙を流してもいいから、もう1回一緒に野球をやって1軍に上がる気持ちをもち続けてほしい。

私も自分の子どもより若い選手と真正面から付き合わなければならないので、まず私のほうから挨拶をしようというのは自分で決めた。大きな声で「おはようございます」という挨拶を私のほうからしようということと、選手の日々の変化に敏感に気づいてあげようと思ったのだ。

髪の毛を切ったら「お前、散髪行ったの」とか、グリップエンドがちょっと変わっただけでも「バットのグリップ変わったね」とか、「今日新しいスパイクだね」とか、「手袋の色が変わったね」とか、常にその選手を私は見ているよという気持ち、選手の変化に気づいてあげようという気持ちは、すごく意識していた。

◉──一人でやる練習を大切にする

一流のプロ野球選手になれる人となれない人の違いはどこにあるのだろうか。それは、練習を継続できる強い体を持っていることである。この才能がある人がプロで生き残っていく選手だと思う。上手くなるためには、練習をする必要がある。練習を続けるには体力が求められる。また、継続するための精神的な強さも必要になる。

そう考えると、前述したが、大山、近本は強い体と継続する力がある。

練習には2つの方法があると思う。やらされる練習とやる練習だ。私はやらされる練習も目いっぱいやったほうだ。そして、自分からやる練習をするように、子どものころから当たり前のように育ててくれたのは親父である。

一人で走る、一人でバットを振る。高校までは親父が傍らで口出しせずに見てくれていた。

私は阪神の2軍監督時代に、2軍の選手たちによく言っていたことがある。

それは「野球はチームスポーツだが、個人スポーツでもある。私であれば、サードを守り、四番で左打席に入っていた。もちろん、エラーや三振をしたこともある。そのような失敗をしても、チームの仲間が声をかけて助けてくれる。

ただ、基本的には自分の前に飛んできたボールは、自分でちゃんと捕って、自分でちゃんとアウトにしなければチームに迷惑をかけてしまう。

左バッターボックスに入る前に、対戦投手のデータ収集や、さまざまな準備をする上では、多くの方に協力してもらう。

しかし、バッターボックスに入ってしまえば一人である。誰も助けてくれるわけではない。だから、常に一人でやる練習を大切にしなければならない」ということだ。

私は、2軍の選手に「一人に強くなりなさい」と繰り返し言った。一人に強くならないと、自分の野球がチームに迷惑をかけてしまうことになると伝えてきた。

それは、子どものころから親父が当たり前のように、一人でしかできない野球を私に教えてくれたことが根底にある。壁にボールをぶつけて、返ってきたボールを捕る。素振りにしても、丸めた新聞紙をボール代わりにして打つ――自分一人でやる練習、あるいは一対一で行う練習を大切にしていた。

阪神の2軍監督時代に、マンツーマンでホテルの部屋でスイングさせたり、スポンジのボールを打たせたこともある。ただ、そこに私を含めて3人いると気が散ってしまう。一対一の場合は、一人で行う練習と同じくらいの緊張感がある。甘えがなく、逃げられないのだ。私以外に教えてもらう側が2人いると、どこかで逃げ道をつくろうとする。一対一の空気感、緊張感を大切にできる選手は、打席の中で、ポジションについても、チームに迷惑をかけないという覚悟を感じる。最低限の野球をやるためには、そこがすごく大切なことではないかと思う。

私の家にも若い選手が練習をしに来たことがある。一人で来ればいいのに、誰か友達みたいな、一番仲のいい選手を連れてきたりする。

「お前、それは違うよ」と言ってもわからない。それは、連れてきた選手に対しても親切ではない。それであれば、別の時間に呼ぶ。私以外に空間に2人いたら、空気が緩んだものに変わり、甘えが生まれてしまうと感じるのだ。

中西さん、山内さんとの練習も最後は一対一だった。

●──1軍と2軍の情報共有が選手を育てる

1軍の主力選手が2軍に落ちてくることがある。そのとき2軍の監督、コーチはどのように対応すればよいのだろうか？

2023年シーズン、佐藤輝明は最初は打撃好調だったものの6月には月間打率が1割台にまで落ち込み、2軍での調整を言い渡された。新人時代の2021年以来のこととなった。

たしかに1軍に置いておくと、「使わなければいけない」という難しさがある。佐藤を代打で使うために、代打専門職の選手の仕事を奪うことにもなりかねない。ただ、佐藤は代打で結果を残せるタイプの打者ではない。

ファーム（2軍）の試合では、4試合連続安打などもあり、10日間で1軍昇格となった。佐藤に限らず、主力選手をファームで調整させたことが間違いだとか、正しかったとか言うつもりは毛頭ない。ただ大事なのは、ファームでの10日間をどういう形で過ごしたのかだ。私はファームで「精神面」をリフレッシュさせる必要はないと考えるタイプだ。そこに逃げ場をつくっては駄目だと思う。

主力選手の不調の原因を1軍監督と2軍監督がしっかり共有して、1軍に再昇格させるのは、「どういう状態で、どのタイミングで」という基準なのか、1軍と2軍で共有することが何よりも大切である。

1軍が金本知憲監督、私が2軍監督の時代は、こんなふうだった。

「金本監督、このバッターの特徴を生かすために、こういうバッティング練習をさせたいのですが……」「掛布さん、もう自由にしてください。お任せします」「では、こういう状態になったら連絡します」

2016年にセ・リーグの新人王を獲得した髙山俊《たかやましゅん》選手のときは、このようなやり取りがあった。

「髙山、いい感じになってきてるよ。手首は大丈夫なの?」

「これだけ振り込んでも、まったく心配ありません」

「じゃあ明日、外で打ってみるか」

打ちたくてたまらないわけだから、真綿が水を吸うように、素晴らしいバッティングを私に披露してくれた。

金本監督には、「髙山俊はホームラン10本程度でも、ヒットを量産するタイプです。自由に打たせてやってください。見たら納得すると思います」と伝えた。そして2016年、髙山はプロに入る前に怪我で手術をしたため、春季キャンプを2軍で迎えていたが、見事怪我を乗り越えて新人王を獲得したのだ。

髙山は、2023年シーズンをもって阪神を去ることになってしまったが、新天地での活躍を期待したい。

2016年のドラフト1位、大山悠輔のときもそうだった。

「体重を何キロ増やしてほしい。筋肉量をこれぐらいに増やしてほしい。こういう形でバッティング練習をさせてください。ドラフト1位なので、シーズン終盤には1軍で起用したい。いろいろ注文が多くてすみませんが、掛布さん、よろしくお願いします」

「金本監督、わかりました。都度報告しましょう」

3カ月間の「大山育成計画」を、トレーニングコーチを含めて実行した。大山も大山で、プロジェクトを順調にクリアして、シーズン終盤どころか前半戦のうちに1軍昇格を果たした。

このように、1軍・2軍監督で情報を共有することが大切だ。

岡田監督は、2軍監督の経験も豊富だ。小野寺暖《おのでらだん》や前川右京《まえがわうきょう》らを1軍で抜擢していた。控え選手の戦力の充実もシーズンを戦っていくには欠かせない。岡田監督が就任要請をした2軍の和田豊《わだゆたか》監督との情報共有がしっかり取れていたことも23年の大きな勝因のひとつだろう。

◉——怖さを知ることが成長につながる

私の指導法の基本は「ほめて伸ばす」だ。

最初に選手を見るとき、欠点や課題を見つける前に長所や特徴を探す。そこをほめて、選手をその気にさせ、自信を与えてから、「でも、ここを直せば、キミはこの数字をクリアできるバッターになれる」と、具体的なゴールを示しながら課題の部分を指摘する。欠陥指摘の減点型の指導法ではなく、ポジティブな加点型の指導法だ。

加点型の「ほめて伸ばす」というコーチングは、野球そのものを楽しくする。つまり選手にとって、もっとも大切なモチベーションを刺激して主体性を掘り起こすのである。やる気、その気にさせるのだ。

実は、私にはこの真逆のコーチングを行った経験があった。一人息子に野球を教えることに失敗したトラウマである。

成長を実感する期間があっても、すぐに壁にぶつかって後退する。どこまで後退したかを、本人はなかなか気がつかないものだが、その地点は絶対にマイナス地点でもゼロ地点でもない。小さな一歩かもしれないが、階段は間違いなく1つ上がっているのだ。そこから再び階段を駆け上がろうとすれば、また壁にぶつかる。そして後退……。若い選手はそういう作業を根気強く続けながら成長するものだ。後退したときこそ、なぜミスをしたかを深く考え、努力を怠《おこた》らず継続することである。ミスをミスとして受け入れ、次に生かすこと。たとえば打者ならば、ボール先行カウントからの見逃し方や狙い球の甘さを指摘されることもあるだろう。決して責任を転嫁せずに、自分で問題を解決していくしかない。みずからの力を信じて乗り越えていくしかないのだ。

若い選手を指導するときに重要なのは、まず打つ形をつくることだ。相手バッテリーの出方に合わせるのではなく、自分の形をしっかりとつくってから、適応、対応、崩しというものを身につけていく。最初から結果だけを求めて、崩れて打つ技術を覚えてしまうと自分の形がなくなる。私はそういうバッティング技術の基本形から手をつけた。「外から選手を取らなくとも生え抜きを育て、巨人のようなチームをつくることができるんじゃないのか」と、私は真剣に思った。ミスター・タイガースの予備軍である。私は、「いち、いちのいち、いちを大事にしろ」と伝えた。守備なら最初の1歩、打席なら最初の1球、1打席から全力の集中力を見せなければならない。その意味での「1の1」である。

自分自身の心の中にある恐怖心、野球に対する怖さとの戦いに勝つためには、より周到な練習という名の準備が必要になってくる。そして、その準備にはゴールがない。怖さを知らない選手にはゴールがある。ここまでやればいいだろうという限界を自分に定めることになる。ただ怖さを知った選手には、ゴールが永遠に見えない。「これでいいだろう」とバットを置いた瞬間に、怖さが半歩前にいるから、またそれを振り払うためにバットを振る……。そういう怖さに追われるようにトレーニングを続けると、成長や進化というものにつながっていく。野球への怖さが練習をさせる。その怖さと上手くつきあえるかどうかが、野球選手のその後の人生を左右することになるのだ。

私がその怖さと対峙《たいじ》するための儀式が、ネクストバッターズサークルを綺麗にすることであり、バッターボックスでのルーティン作業だった。

Ｆ１レーサーは、シートに座るときに緊張はするけれど、その一方で、もう誰にも邪魔されない自分の世界となってリラックスする感覚も抱くという。私も、ファウルラインをまたいで定位置に構えると、緊張と同時に自分の聖地に立ったという特別な境地となる。サードのポジションにつくと、また独特のルーティンがあった。打球に備えるため腰をしっかりと落とす前に、一度、土を触って指を唾で湿らせる作業だ。これも高校時代からの癖。元々は、手が乾く体質だったので、スローイングのときに滑って悪送球になるリスクを減らすため、舐《な》めて指を湿らせているだけだったのだが、「掛布は各球場の土の味を舐めてコンディションを調べている」とか、「掛布は土を食べている」とか、さまざまな笑える噂が飛んだ。

土を触ると気持ちが落ち着く。幼い子どもが砂場で遊ぶのと同じ本能なのだろう。土を触ることで、ＤＮＡに備わっている何かが刺激され、精神が安定するのかもしれない。

これは私だけではなく野球選手なら共通した心理なのだろう。平田勝男ヘッドコーチも現役時代は、アンツーカの部分に盛り土のようなことをしていた。

土を触ってから手を舐めるので、指に残っていた土が少しトロッとして、ボールが飛んできたときに滑らないくらいの、ちょうどいい感覚の指のコンディションを維持できたのだ。

怖さは自分を突き動かす原動力になる。ただ、本番では、怖さを克服する自分なりのルーティンをもつことが大切である。

2005年リーグ優勝時のメンバーがコーチになった意味

ヘッドコーチには、2004年からの第1次岡田政権でもその要職を務め、05年にはリーグ優勝を果たした平田勝男。第2次の岡田政権においても、岡田監督は全幅の信頼を寄せている。

また、2023年シーズン、阪神の1軍バッティングコーチに05年には打点王を獲得した今岡真訪《まこと》（2017年から登録名を変更）が就任した。岡田監督からは「お前は打って、バットでチームに貢献しろ」と言われ続けてきた選手だ。一方で守備でエラーをしても咎《とが》められたことは一度もなかったという。岡田監督の今岡の打撃への信頼とブレない指導方針を表すエピソードだ。選手としては、多くのことを要求されるよりも、ひとつのことを言われるほうがわかりやすい。05年の今岡は守備の負担を減らすために二塁手から三塁手にコンバートされたのだが、不慣れなポジションということもあり、14失策だった。しかし、NPB歴代3位となる147打点を記録し、リーグ優勝に大きく貢献した。

他にも内野守備走塁コーチには藤本敦士《ふじもとあつし》、投手コーチには先発投手として活躍した安藤優也《あんどうゆうや》、JFK（詳しくは後述）のKの久保田智之《くぼたともゆき》など、05年のリーグ優勝を知るメンバーが勢ぞろいした。実際に優勝した経験がある選手だからこそ、コーチとして伝えられるものがあるはずだ。

また、「勝つ阪神」を知る生え抜きのコーチがいることで、「勝つ伝統」が紡《つむ》がれていくはずだ。2023年の阪神は、85年のときと酷似しているように私の目には映っている。

第2次岡田政権では、選手だけではなく、指導者の育成も求められている。岡田監督だからこそなせる業《わざ》であろう。

次章からは、阪神の伝統とは何か、そもそもプロ野球チームにおける伝統とは何かについて語ってみたい。

第四章
阪神の伝統とは何か？

亡き小林繁さんの言葉
「阪神には歴史はあるが伝統はない。巨人にはその伝統があるんだ」

1979年1月、巨人のエース小林繁《こばやししげる》さんと阪神に1978年にドラフト1位指名された江川卓さんとの日本球界を巻き込んだトレード。

小林さんは、76年、77年と先発で18勝を上げ、77年と79年には沢村賞も獲得した巨人のエースだった。

小林さんは都内の球団事務所で記者会見を開き、阪神タイガースへの入団を発表。会見を終えてすぐに阪神のキャンプ地である高知県安芸市に赴《おもむ》き、練習に合流した。地元のラジオ局は小林さんの到着を臨時ニュースとして報じ、安芸市の人口の半分以上の人々がキャンプ地の球場に詰めかけたといわれている。

小林さんは、阪神ナインを前にした第一声で「阪神には歴史はあるが伝統はない。巨人にはその伝統があるんだ」と発した。

前年のシーズンオフに電撃トレードで田淵幸一さんが阪神のユニフォームを脱ぎ、75年のシーズンオフに江夏豊さんも南海にトレードされていなくなっていた。阪神を支えてきた2人がいなくなってから、チームのために何ができるのだろうと自問自答する日々の中で、何かすごく悔しい思いをしたことは鮮明に記憶に残っている。

ただ自分のその気持ちの中で、阪神に本当に伝統というものがあるのだろうかと考えた。やはりチームが勝たなければ伝統はつくれないと思ったのも事実だ。巨人に伝統があるのは、勝利を積み重ねた結果、培《つちか》われてきたものだろう。

だから小林さんは、これから新しい阪神としての伝統というものをつくっていくために「勝つ野球」をやる必要があると言っていたのだ。それは、私に対する強烈なメッセージだったのではないかと今改めて痛切に感じている。

小林さんは、ドン・ブレイザー監督に巨人戦での先発を直訴。開幕2戦目の4月10日の巨人戦から対巨人8連勝を飾った。「小林よりも江川のほうが戦力になる」と巨人フロントが考えて自分は出されたのだと思い、プライドが傷つけられたことを自分のエネルギーに変えるかのごとき獅子奮迅《ししふんじん》の活躍だった。この年、22勝で再び沢村賞を獲得。

私は、小林さんが熱投する姿を見て、生え抜きの四番打者として「こういう人に負けられない」という思いを抱いていた。それは、他チームのライバルだった山本浩二さんらに対するよりも熱いものだった。

その後、小林さんは83年に現役のユニフォームを脱ぎ、近鉄などのコーチを歴任していたが、57歳の若さで心筋梗塞のため逝去された。

小林さんが住んでいた福井のマンションに行き、お線香を上げさせていただいた。そのときに小林さんに対して「ありがとうございました」と素直に言えた。

それは、安芸キャンプでのあの一言が、自分の野球の中で大きな支えになっていたということである。「阪神には伝統がない」という言葉に大きな刺激を受けて「阪神に伝統をつくるには勝つことだ」という思いが、85年の優勝に結びついたのは間違いない。

24歳のときに48本のホームランを打てたのは、間違いなく小林繁さんの言葉に刺激を受けたからである。

●――ひとつになって戦っていく伝統を阪神は持てるのか

伝統とは、一人でつくれるものではない。またチームの伝統とは、選手だけでつくるものでもない。これは球団、フロント、取り巻く環境、すべての方たちが考えなければいけないことなんだろうなと思う。

以前、巨人の原辰徳監督と話したことがある。原監督は、巨人というチームは関係するすべての方たちがひとつになって前を向いて戦っていると言っていた。では、阪神は同じようにひとつになって戦っていたのだろうか。自分の現役時代を振り返ったときに、すべてひとつの方向を向いている形は見えるけれども、本当に全員にその気持ちがあったかどうかは、私も含めて首を傾《かし》げざるを得ない部分があったかもしれない。

私が入団する前の1973年、巨人との最終戦で甲子園で負けて、優勝を目前にして逃したシーズンがあった。巨人V9最後の年である。

9月にもかかわらず首位から最下位までわずか3ゲーム差。地力に勝る阪神と巨人が抜け出したが、巨人が129試合目のヤクルト戦に負け、阪神が残り2試合を1敗1分けで優勝という状況になっていた。関西では「ついに巨人時代の終わりや！」と大騒ぎになっていたという。

129試合目の対戦相手は中日。阪神の先発は、シーズン中、中日に8勝1敗と圧倒的に相性のよかった上田二朗《うえだじろう》と誰もが予想していた。

しかし、大方の予想に反してマウンドに上がったのはエースの江夏さんだった。上田の体調が悪かったこともあり、大事なマウンドをエースに託したのだろう。ただ、江夏さんは前年から中日球場での勝ち星はなかった。中日の先発は星野仙一《ほしのせんいち》。阪神打線は、星野の投球にホームベースが遠い。

江夏さんのピッチングはともかく、中日球場への移動日の午前中、江夏さんは球団事務所に呼ばれて、球団幹部に「あしたの中日戦には勝ってくれるな」と言われたと『左腕の誇り　江夏豊自伝』（新潮文庫）に書かれている。

フロントは、江夏さんをリラックスさせるためにその言葉を発したのか、優勝すると選手の年俸も上げざるを得ないため、そのような言葉になったのかはわからない。

このころ阪神フロントのごたごたがマスコミを騒がせることがあった。それが、その後の金田正泰監督の言動に不信感を募らせた選手の金田監督殴打事件や江夏さん、田淵さんの放出につながっていったのかもしれない。

結局中日に負けて、最終戦まで優勝が決まらずに、最終戦で9−0で巨人に負けて優勝を逃した。試合後には、怒り狂った阪神ファンがグラウンドに乱入した。一部暴徒化したファンが王貞治さんを殴打するという事件も起こった。

そのとき四番を打っていた田淵さんは、そこで阪神がもしも優勝していたら、田淵さん自身の野球人生も変わっていたんじゃないか、やっぱりあそこで優勝できなかったことが、阪神の「勝つ伝統」をつくれなかったことに結びついてしまったのではないかと言っていた。

田淵さんは、敗戦から1週間、自宅に籠《こも》ったままだったという。

先輩の方たちから、その当時のお話を今になっていろいろYouTubeなどで聞く機会があるが、阪神に関わる方たちがすべてひとつの方向を向いていたというような答えは返ってこない。それを聞いたときに、巨人との大きな違いみたいなものを、最近になって改めて感じてしまうのだ。

●どの球団ももはや伝統はつくれない!?

「伝統の阪神vs.巨人戦」という言葉を聞かなくなって久しい。

私たちの時代と異なり、12球団の戦力の均等化という形の中で、ドラフト制度が始まって今日《こんにち》に至る。また、一昔前のように、巨人に入団を希望する選手が多いという時代でもない。プロ野球の世界に入ることを夢見る若者たちの多くは「どこの球団でもいい」と思っているのではないだろうか？

またＦＡとなった選手も巨人を第一に希望するのではなく、パ・リーグのチームに入るケースも多い。

つまり、選手の流動化が進み、選手も固定してこのチームにいる、ということではなくなったため、「伝統の一戦」と言いづらくなった側面があるのだろう。チーム同士の戦いではあるが、そこにそのチームのシンボルとなる選手がいなければ、チームカラーを意識することも難しくなってしまう。

「伝統の一戦」という言葉は、すごくありがたいものだ。その言葉の意味するところを阪神の選手も巨人の選手も感じながら野球をやらなければならないし、強いチームづくりというものを考えなければならない。

しかし、生え抜きの選手だけでチームをつくる時代ではなくなった。ＭＬＢのように、そのシーズンの成績によって、ポストシーズンを目指して買い手側に回るか、来期シーズンを目指してベテランを放出して若手を獲得する売り手側に回るかなど、選手を育てるのではなくて、選手を入れ替えてチームを強くする時代だ。

日本のFA制度は1993年のシーズンオフに導入された。そこには莫大《ばくだい》なお金をかけて、FAした選手を獲得するチームもある。一方で、時間をかけてチームを強くする球団もある。広島はFAで選手を獲得せず、ドラフトで指名した選手でチームづくりをしてきた。巨人、阪神、ソフトバンクも含め、常に勝たなければいけないという十字架を背負ったチームもある。選手を育てるよりも、完成した選手を獲って勝つ方法も決して間違いではない。

阪神に限らず、どのチームも今やっている選手たちがプロ野球でプレーできるのは、過去のOBの方たちが築き上げてきた野球があるからである。それに対して今の選手は感謝する気持ちをもってプレーしなければならない。私が15年間阪神でプレーできたのは、まさしく先輩方が阪神というチームをつくり上げてくれたおかげである。先輩方への感謝は、絶対忘れてはならない。それが伝統であり、歴史につながっていくのだ。

◉吉田監督はなぜ選手を縛らなかったのか

勝つことが伝統につながるのであれば、85年の日本一になったときのことを語らねばならないだろう。

85年の吉田義男監督は、前年にライトを守っていた岡田彰布をセカンドにコンバートした。また、PL学園、法政大学でキャプテンを務めていた木戸克彦を捕手に抜擢《ばってき》。また、前年の安藤統男監督の方針で、戦力外となっていたバースの慰留にも尽力した。


85年は、高知の競輪場で発砲事件があるなど、暴力団同士の抗争が激化した時期だった。安芸でキャンプをしていた阪神球団内では、当然のごとく外出禁止令が出された。ただ、ずっと部屋にいても選手はストレスがたまってしまう。私は、練習の休養日にゴルフをやらせてもらえないかと吉田監督に言いにいったことがある。

そのときに監督が言った言葉は今でも忘れられない。

「2月のキャンプのルールは、我々監督・コーチが決めたルールではなく、選手会で決めたルールなわけだよな。あなたたちがつくったルールなんだから、この1カ月間はそのルールは守ってもらいたい。その1カ月間が終われば、あなたたちを自由にします」

その言葉を聞いたときに、たしかに選手会で決めたルールだなと思った。たしかにそれを選手の前で言った記憶がある。そして、キャンプの1カ月間が終わった後は、吉田監督からは野球以外のことで何かを言われたことは一切ない。私たちをすごく大人として見てくれた監督だった。

前年までは、門限が近づくとマネージャーが玄関で見張り、門限に遅れた選手は非常口から出入りし、旅館に雑魚寝をしていた。しかし、吉田監督は、宿泊先をリゾートホテルに替え、ベテランは個室を基本として、休日の行動も任せられた。

選手は自由を与えられると、自分なりに行動を縛るものである。監督の指示で動いているうちは、監督やコーチに責任転嫁してしまう。そういう選手に対する操縦法が、吉田監督はすごく上手かった。

シーズン中も連敗が嵩《かさ》むと、帰りのバスの中でマイクを手に取って「お疲れ様。今日は門限なし」と言われるのが常であった。

選手は全員外食に出かけ、ホテルには吉田監督とコーチしかいないということもあった。ホテル側からは、選手の夕食を大量に用意しているのに……と苦言を呈されたこともあったという。

当時は「遊ぶけど野球も頑張ります」という選手が多かった。

1978年の打撃コーチに遠井吾郎さんがいた。遠井さんと共に飲みに行くと、遠井さんはお店のママに「明日の天気予報を教えてくれ」と聞く。明日が雨予報だと「もう一軒行こう」となった。

天気予報が外れ、晴れることもあったが、翌日に私は4安打の固め打ちをした。マネージャーからは「今日は赤いペンしか持ちませんよ」とプレッシャーをかけられていた。それはスコアブックにヒットの印を赤ペンで記していたからである。

遠井さんの口ぐせは「飲んだら次の日は打てよ」というものだった。

◉──チームはひとつになった

1985年8月12日。阪神は10、11日の中日戦に連勝し、後楽園での巨人戦に備えていた。

「羽田空港発のJAL123便、伊丹行の航空機が消息を絶った」という一報が流れた。

この便に中埜《なかの》肇《はじむ》球団社長が搭乗していた。

中埜球団社長は野球未経験だったが、「タイガースのことを知っておくのも本社役員としての任務」と言われていて、球団社長になってからは、帰宅後には必ず全テレビ局のスポーツ番組を観て、翌朝はすべてのスポーツ新聞に目を通すなどして野球について猛勉強されたそうだ。

球場にも頻繁に足を運ばれ、選手一人ひとりを労《ねぎら》うと共に、バッグの中には常に応援歌『六甲おろし』の歌詞コピーを入れていて、「みんなに歌ってもらおう」と出会う人に配っていた。

中埜球団社長の非業の死からチームは6連敗となり、3位に転落した。

この年から選手会長に就任した岡田彰布が、連敗中の広島遠征で選手に集合をかけた。昼食後、首脳陣や球団関係者は入れず、選手だけの緊急ミーティングだった。岡田と私と、そして最後に川藤幸三さんが選手に語りかけた。

全選手が集まると、誰もが涙ながらにその思いを口にした。

「優勝して、ウイニングボールを中埜さんの霊前に届けよう」

チームはひとつにまとまった。

10月16日、優勝の決まる試合で、岡田が全選手に語りかけた。

「中埜社長との約束を果たすときが来た。ウイニングボールを絶対なくすなよ。ウイニングボールを確認してから胴上げだ」

最後のバッターとなったヤクルトスワローズの角富士夫《すみふじお》のピッチャーゴロを、中西清起が渡真利克則《とまりかつのり》に投げると、マウンドは歓喜の渦となった。

リーグ優勝で満足感が漂っていた阪神が、なぜ常勝西武に勝てたのか

85年のリーグ優勝でチーム内には満足感が漂っていた。10月24日にペナントレースを終え、26日から始まる日本シリーズへの対応が十分できていたとは言い難い。ただ私たちは、自分たちのできることをやろうという意識だった。

私は現役引退後、評論家として西武vs.巨人の日本シリーズを観にいったことがある。そのときの空気感は、私たちのときの日本シリーズとはまったく別のものだった。

「この日本シリーズに勝たなければ意味がない」と感じさせるものだった。

まさに小林繁さんが言っていた伝統とは、こういうものだったのかと痛感したのである。

西武ライオンズでは、130試合のリーグ戦のみならず、日本シリーズに出場する前提

で予定を入れていたと当時の主力選手の石毛宏典《いしげひろみち》が言っていた。西武ではシーズンを勝っていくと、先輩・OBが激励のためにやってきて、目に見えないプレッシャーを感じていたという。

シーズン中から日本シリーズを勝ち抜くことを必然としてプレーしているチームにこそ、伝統という言葉はふさわしい。そもそも85年の阪神を、シーズン前にセ・リーグの優勝チームに挙げた評論家は皆無だった。補強もリッチ・ゲイルと長崎啓二《ながさきけいじ》選手だけだった。

石毛は、常勝西武ライオンズで何度も日本シリーズを制覇してきたのだが、勝つことによって相手球団のよさを学び、それが肉付けされて伝統が培われていくと言っていた。負けると反骨心は芽生えるが、勝つことでしか見えない景色がたしかに存在しているのだろう。

ただ、得てしてそうした伝統は、勢いの前には足かせとなってしまうことがある。85年の日本シリーズはまさにそうであったのかもしれない。

◉「阪神の守備力は弱い」と見ていた西武

10月26日から始まった日本シリーズ。シリーズを前にしても特別に西武ライオンズへの秘策をとったということはない。ミーティングでは、吉田監督から「我々が今までやってきた戦い方をしよう」と言われた。ホテルの一室に西武ライオンズの資料は一通り用意されていたが、シーズン終了から日本シリーズまで時間がなく、少ししか目を通すことはできなかった。

第1戦は、西武の先発が松沼博久。阪神が池田親興。

池田は、前日に阪神が宿泊した東京・立川のホテルで眠れない夜を過ごしていた。立川のホテルでは選手は2人部屋で、池田は工藤一彦《くどうかずひこ》投手と相部屋だった。工藤投手はバックスクリーン3連発のときの先発投手で、7回3失点で降板したが、勝利投手になっている。

池田は工藤から、日本シリーズについて助言を受けていたようだ。工藤も阪神でドラフト指名された選手であり、日本シリーズは初めての経験である。

私は、深夜に他の数人の選手の「ラーメンを食べたい」という要望を受けて、球団職員に伝えてホテルのマイクロバスを出してもらい、ラーメンを食べにいったことを記憶している。

阪神は1回表、先頭の真弓明信。先頭打者でレフト左にヒットを打ち、二塁まで進塁する。二番は弘田澄男《ひろたすみお》。1974年にロッテで日本シリーズMVPをとった選手だ。見事、送りバントを決める。三番はバース。松沼はバースの唯一の弱点といわれていた内角高めを執拗に攻める。マスクを被っていたのは伊東勤《いとうつとむ》捕手だ。

バースは内角高めを叩き、強烈なセカンドライナー。四番は私である。シーズン最終打席で3割に到達し、40本塁打の成績だった。3ボール2ストライクから四球。続く岡田はシーズン3割4分2厘、本塁打35本を放っている。岡田は阪神打線の中では、投球の読みで群を抜いていた。しかし、外角の球を打ち上げ、セカンドフライとなった。

点が入ったのは8回表。西武の投手は依然、松沼が続投していた。7回までの投球数は91球。先頭打者の真弓が、外角球を体を開きながらバットのヘッドを残して見事なライト右へのヒットで二塁まで進塁。続くは二番の弘田。松沼は1球目を投じる前に二塁への偽投、そして牽制球《けんせい》。1球目からバントをしようとする弘田に内角高めへのボール。2球目を投げる前に再び二塁へ牽制。そして伊東捕手がマウンドへ行く。またしても牽制球。その後、外角への2球目を軽打すると、ライト前ヒットとなった。西武が執拗に牽制を繰り返したことでバントではなく強攻策に打って出たのだ。松沼が牽制を繰り返さず、ストライクゾーンに投げ込んでいれば、そのままバントだったのかもしれない。

吉田監督は、試合後のインタビューで「1球目はバントのサインを出したが、西武がバントシフトを敷いてきたので、状況が読めるベテランの弘田にヒッティングのサインを送った」と語っていた。長距離打者ではなく、弘田をDH（指名打者）で二番に起用した吉田采配が功を奏したのである。

相手は、知将の広岡達朗《ひろおかたつろう》監督だ。シンプルに考える吉田監督の策が当たった。

次の打者はバース。左対左ということで工藤公康がリリーフ登板した。このときバースは、バッティンググローブを新しいものに替えて気分一新、打席に入っていた。

工藤も徹底的に内角高めを攻める。バースもたまりかねて内角高めのボールに手を出していた。そして2ボール2ストライクから運命の5球目。外角の変化球をレフトスタンド最前列に運ぶ。このときバースは少しバットを短く持ち、外野フライでもよいというバッティングだった。力ではなく技で打ったバッティングだった。バースは頭のいいバッターだ。今、自分に何が求められているかを理解してバッティングをしていた。

結局この一打が決勝点となり、第1戦目を勝利で飾ることになった。

2戦目の西武の先発は高橋直樹《たかはしなおき》。一方の阪神はリッチ・ゲイル。ゲイルは1980年のワールドシリーズでも2度先発の経験を持つ。

ゲイルは後年、「春のキャンプでランディが『戦力的にこのチームは十分可能性がある』と言っていました。野手は経験豊富なベテランが多くて、チームに必要なのは先発ローテーションの中心として投げてくれる投手だと。そのために私を獲得したのだと気づき、『よし、やってやろう』と思いました」と語っている。

そして西武は、3時間のミーティングの大半をバース対策に費やしたという。バースの1打席目、やはり西武バッテリーは内角を執拗についてくる。レフトに強い風が吹いていたこともあっただろう。バースの1打席目は、センターに抜けようかという打球だったが、セカンドの辻発彦《つじはつひこ》の好プレーに阻《はば》まれてしまう。

西武は3回裏に石毛宏典のソロ本塁打で先制するが、その後の1死満塁の好機で片平晋作《かたひらしんさく》が併殺打に倒れ、追加点ならず。一方の阪神は、4回表、先頭の真弓が打った三塁線の打球を秋山幸二《あきやまこうじ》が一塁へ悪送球。ワンバウンドで投げるべきかどうか迷いがあったのかもしれない。続く弘田は送りバント失敗。

バースはこのシーズン54本の本塁打をレフトへ16本、センターとライトに19本と広角に打ち分けていた。そしてバースが本塁打を打ったときの阪神の勝率は7割を超えていた。また、走者なしのときの打率は3割1分7厘、本塁打は29本。走者ありのときは、3割8分4厘、本塁打は25本だった。

1球目、2球目と執拗に内角を突く西武バッテリー。3球目は外角に大きく外れて4球目、捕手の伊東がインコースに構えるもシュートは外角高めに抜けたようなボールになり、バースは左翼席に運んだ。2試合連続の本塁打となったのだ。

1点を追う西武は7回裏、1死一、三塁の好機に、辻発彦が一塁方向へプッシュバント気味のセーフティスクイズを試みる。バースの守備が穴と感じていた西武がランナーをスタートさせてからのスクイズではなく、プッシュバントをして三塁ランナーの秋山を少し遅らせてスタートさせたのだ。

しかし、一塁手のバースは素早いダッシュでボールを素手でつかみ、倒れこむような姿勢でスローイングして三塁走者秋山を本塁で刺した。秋山はセーフだったかのようにホームベースの触った位置を指すが、判定は覆《くつがえ》らずアウト。この試合の解説だった江夏豊さんは「シンプルにスクイズであれば1点が入っていたのに」と語っていた。

1戦目の弘田へのバントシフトを見て強攻策に出て成功した阪神。そして2戦目はスクイズではなく、バントをして確実にボールが転がるのを見てからのスタートといったサインプレーで本塁憤死した西武。そして、何より、バースの苦手といわれた内角高めを攻めるも、1戦目の工藤、2戦目の高橋とも外角への変化球をバースにレフトスタンドに運ばれた西武投手陣。結果論ではあるが、策を早く取り、その策に溺れた西武と、相手の出方を見つつ策を講じた阪神の違いが表れた1、2戦だったと思う。

阪神はゲイルが7回を投げ、8回に福間納《ふくまおさむ》、9回は中西清起の継投で1点差を守り切った。

舞台を甲子園に移して行われた第3戦の先発は、阪神が中田良弘《なかたよしひろ》、西武は第1戦の雪辱《せつじょく》を期す工藤。有料入場者数5万1355人はシリーズ新記録。西武は2回表、1死二塁から岡村隆則《おかむらたかのり》の三塁打で先制、続く辻の中前打、石毛の2ラン本塁打でこの回4点。阪神は3回裏、先頭の北村照文《きたむらてるふみ》が四球、真弓は一塁ファウルフライ、二番弘田は三遊間への内野安打、そしてバースを迎える。

バースは工藤の投じたインサイドのストレートを、少し詰まりながら右中間に飛び込む3ラン本塁打で1点差に追い上げる。日本シリーズの3試合連続本塁打は、1958年の西鉄ライオンズの中西太さん以来の記録だった。

しかし、西武は4回表に岡村のソロ本塁打で突き放し、さらに8回にも辻の二塁打で3点差とした。6回裏の守備の際に、佐野仙好の打った打球を追いかけた石毛宏典が金森永時《かなもりえいじ》(93年以降の登録名は「栄治」)と接触。打球は石毛が好捕したものの、石毛を避けようとした金森の体に脚が引っかかり、右膝を痛めた。

石毛はヒーローインタビューで「痛いことは痛いが、ずっと自主トレ、キャンプとやって来たので無理してでも最後まで出たい」と語っていた。

阪神ナインがもっとも警戒していたのは、西武のチームリーダー・石毛宏典だった。膝にテーピングをした石毛は強行出場を続け、西武は3戦目で勝利を飾った。西武には3戦目は落とせない、という気迫が感じられた。

私は、この日本シリーズにおいて数字に対するプレッシャーがシーズン中のようにはなかった。3割を打ったバッターが1打席打たなくても、3割の数字は変わらない。ということは、7試合の戦い方の中で、四番として2本ぐらいホームランを打って、その2本が勝負を決めるものであれば、四番の仕事はそれでもいいと考えていたからである。

そして2勝2敗で迎えた第5戦では、私は1回裏の攻撃でバックスクリーンに3ランホームランを叩き込み、シリーズの行方を決定づけることができたのである。

85年の日本一から月日が流れ、今の阪神タイガースでは、近本光司、大山悠輔、佐藤輝明、森下翔太《もりしたしょうた》とドラフト1位の選手がスタメンに名を連ねている。そして、ドラフトで入団した生え抜きの選手が投打に活躍している。これは、今までの阪神にはなかったことである。生え抜きの選手が活躍することが、何よりも伝統をつくっていくことには欠かせない。そして、主力の4人とも若い選手たちである。これから、阪神の「勝つ伝統」が続いていく気がしてならない。

第五章

岡田監督に引き継がれる阪神の系譜

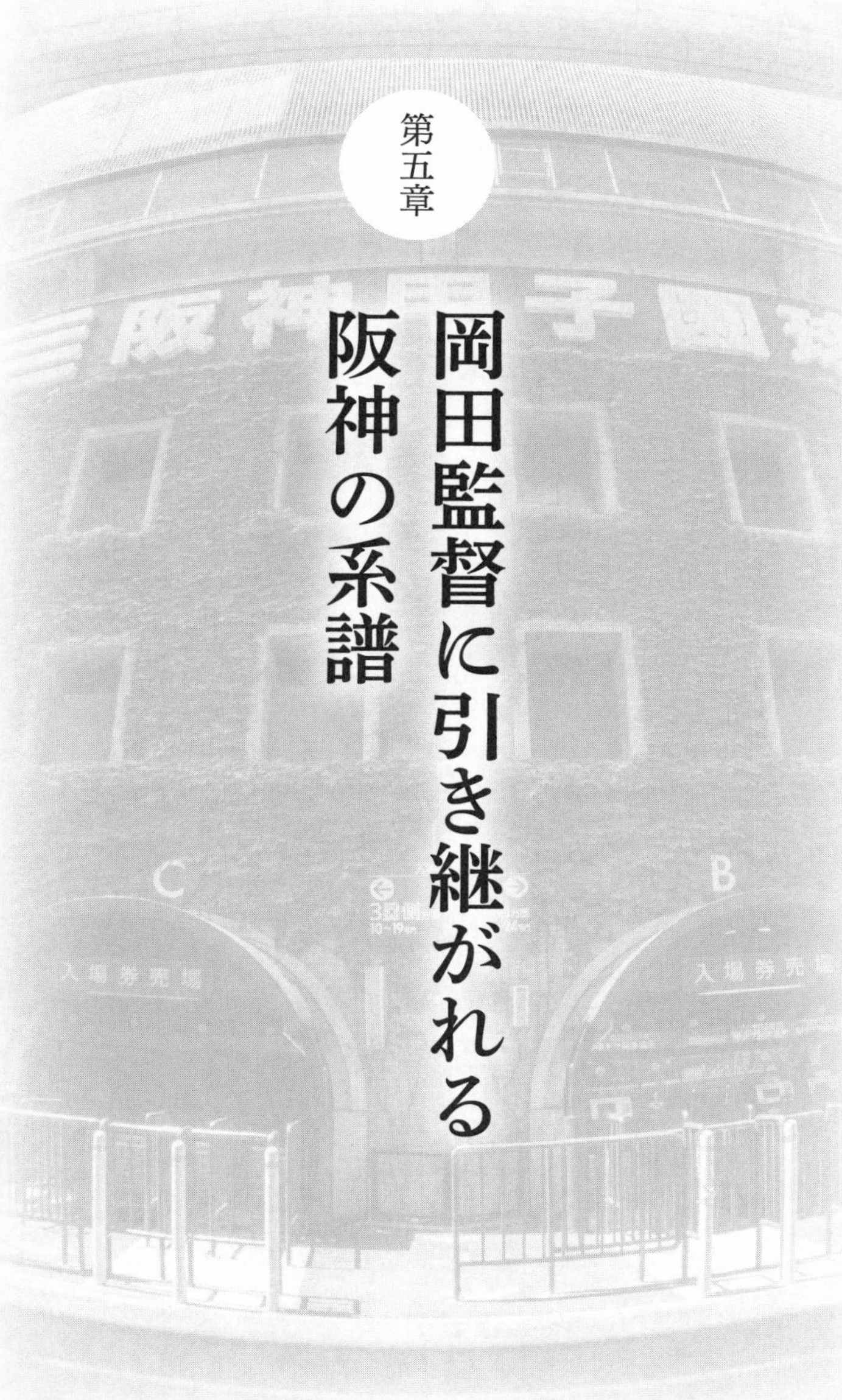

15年ぶりに戻ってきた名将・岡田彰布

阪神タイガースが前回リーグ優勝を果たしてから、18年もの月日が流れた。このとき、阪神を率いて監督をしていたのが岡田彰布だった。

今季（2023年シーズン）から、岡田の1軍監督就任が決まった。岡田の監督復帰は、言うなれば「勝ち方を知っている指揮官が阪神タイガースに戻ってきた」といえるだろう。

前回の優勝時に47歳だった岡田監督も65歳になった。12球団最年長の監督だ。それと同時に、優勝から長い間遠ざかっていることもあって、優勝への期待は高まっていた。岡田監督にとっては、重い十字架を背負っての再出発となるだろうと思っていたのだが、どうやらそうでもなかった。

2月に行われた春季キャンプでは、「前回（2005年）のリーグ優勝のときは、完成された大人のチームやった。今のチームは若い選手が多くて、優勝経験者がほとんどいないから未知数よ。だから、今年は絶対勝たなあかんと思ってやってない。でも、選手が自信をつけていったら可能性が広がっていくチームやと思う」と語っていた。悲壮感も気負いもない。

そこにあるのは、「もう一度くらい、阪神の縦縞のユニフォームを着て終わりたいという気持ちがあった。そんな長い間は、ようせんよ。しんどいしな。最後の奉公やな」と話している通り、阪神タイガースへの愛情だけだ。

◉──生粋の阪神ファンが選手になり、監督となる

岡田監督と私は、阪神タイガースでの現役時代にクリーンナップ（三番打者＝ランディ・バース、四番打者＝掛布雅之、五番打者＝岡田彰布）を組み、共に戦い、1985年に日本一になったときのチームメイトでもある。

私が阪神に入団したのが74年で、岡田監督が80年。私のほうがだいぶ先輩のようだが、岡田監督は早稲田大学を卒業したのちに入団しているため、実際の年齢は私のほうが2つ年上なだけである。普段は、彼のことを「オカ」と呼び、岡田監督は私のことを「カケさん」と呼んでくれている。

ところが、だ。2人の仲について、今でもまことしやかに語られているのが「掛布・岡田不仲説」である。事の発端は、現役時代にまで遡る。現役時代は一緒に食事に行ったり、飲みに行ったりすることがなかったため、当時のマスコミがおもしろがって「あの2人は不仲なんじゃないか?」と騒いだことで、掛布と岡田は不仲という噂が広まってしまったようだ。

阪神ファンのみなさんはおわかりかと思うが、岡田監督は私のYouTubeチャンネル『掛布雅之の憧球《どうきゅう》』に出演してくれているし、ABCテレビ(朝日放送)の公式YouTube番組『虎バン』などでも共演している。私とオカは昔から、仲が悪いとかそういうことは一切ない。

岡田監督の話に戻そう。

岡田監督と阪神タイガースとの縁は古くて深い。なんと彼は、物心がついたころからの阪神ファンだという。第一章の岡田彰布の項でも話した通り、彼の父親が阪神の選手と親交が深かった関係で、選手たちが身近にいるのが普通という生活だったためだ。自宅では阪神の若手選手がよくご飯を食べていったそうだ。2代目ミスター・タイガースと呼ばれた村山実《むらやまみのる》さんの引退試合の日には、キャッチボールをしてもらったこともあるという、実にうらやましい環境である。

小学校高学年から本格的に野球を始め、高校は野球の名門、北陽高校に入学。1年の夏に甲子園出場を果たした。早稲田大学では、東京六大学リーグ歴代1位の打率（3割7分9厘）と打点（81）をマーク。なお、この記録は現在も破られていない。

東京六大学野球史に残る記録を樹立した岡田は、ドラフト会議の目玉となり、西武、ヤクルト、阪急、南海、近鉄、阪神と実に6球団から1位指名を受けた。ちなみに、6球団が1位指名をしたのは当時のドラフト史上最多となる。

岡田本人は、阪神への入団を希望していたが、逆指名がなかった当時のドラフトでは、自分の希望が通るかどうかは運に任せるしかなかった。

岡田の話によると、抽選の前夜、「阪神が当たりくじを引く」という確信めいた予感があったという。

そして、希望通り阪神に入団した岡田は1年目から活躍し、新人王を獲得。1985年には21年ぶりのリーグ優勝に加えて、日本一を達成。五番打者として、ベストナイン、ゴールデン・グラブ賞に輝いた。超一流のスターとなった岡田だが、30代半ばには「体力の衰え」という理由で不本意ながら他球団に移籍することとなった。

だが、移籍先の球団であるオリックスで、イチローを育てたことでも有名な仰木彬《おおぎあきら》監督と出会い、現役引退後は、オリックスの2軍コーチ、阪神の2軍監督などを経験した。これらの経験が、指導者としての岡田彰布を形成するために大きな影響を与えたと思う。

2004年から08年まで阪神の1軍監督を務め、05年にはリーグ優勝に導くなど指導者としても超一流である。その後、オリックスの監督として3年間指揮を執った後、野球評論家、解説者として活躍していた。

そして、今季（2023年）から、再び阪神の監督となって古巣に戻ってきた岡田。ここまでのチームの成績を見れば、彼の監督としての手腕を疑う人間はいないはずだ。

●創立87年・阪神タイガースの通算成績

1935年に大阪タイガースとして誕生した阪神タイガースは、前年創立の読売ジャイアンツに次いで2番目に長い歴史を持っている。巨人は東の名門球団、阪神は西の名門球団と呼ばれているのは、歴史の長さと、ファンによる人気の高さゆえだろう。

ところが、優勝回数という点においては、残念ながら巨人には遠く及ばない。創立から87年（2023年現在）の歴史の中で、優勝は1リーグ制時代（1936～49年）に4度。2リーグ制（1950年～）になってからは、藤本定義《ふじもとさだよし》監督のもとで1962年と64年にリーグ優勝したものの、3度目は21年後の1985年まで待たなければならなかった。85年といえば、吉田義男監督のもと、私や岡田が現役でプレーしていたころのことだ。

4度目の優勝は、また時を隔てて18年後の2003年、星野仙一監督のもとでだった。2005年には岡田監督の指揮のもとリーグ優勝をしているが、日本シリーズを制したのは85年の一度だけである。

一方、2リーグ制になってからの巨人を含むセ・リーグの他球団のリーグ優勝と日本シリーズ優勝の回数はどうなっているのかというと……。

巨人は2022年までに9連覇を含む38回のリーグ優勝と22回の日本一を成し遂げている。巨人の驚異的な優勝回数は別にしても、1950年創立のヤクルトはリーグ優勝9回、日本シリーズ優勝は6回。49年創立の広島はリーグ優勝9回、日本シリーズ優勝3回。36年創立の中日は、リーグ優勝9回、日本シリーズ優勝2回。残る49年創立の横浜DeNAはリーグ優勝は2回だが、いずれも日本一を達成している。

阪神は、2リーグ制になってからはリーグ優勝5回、日本シリーズ優勝1回となっており、リーグ優勝回数はセ・リーグ5位、日本一は一度きりなのでセ・リーグ最下位となる。阪神の歴史と人気を考えれば、少し寂しい結果だと言わざるを得ない。

加えて、1987年から2001年にかけては、15シーズン中に10回も最下位に沈むという暗黒時代を経験している。だが、阪神は決して弱いチームではない。2リーグ制になって以降、通算勝率はリーグ2位で、Aクラス入りしたシーズンも多い。

ポテンシャルは決して低くはないのだ。

それだけに、今季の阪神のリーグ優勝は、85年のときと同じように先輩・OBをはじめファンの方々の思いが結実した結果だろう。

第1次岡田政権(2004~08年)——優勝への意識過剰と長期戦への恐れ

岡田監督が絶対に使わない言葉がある。

本書では何度も連発してしまったあの言葉。プロ野球を語る上では、誰もが自然と口をついて出てしまう言葉。そう、「優勝」という言葉だ。

岡田監督は「優勝」という言葉を封印し、代わりに「アレ」と呼んだ。今ではマスコミも岡田監督の発言として「アレ」を使う。「岡田監督、狙うは優勝」ではなく、「岡田監督狙うは〝アレよ〟」といった具合だ。

なぜ、優勝という言葉が「アレ」になったのか。

その理由を知るには、2008年まで遡らなくてはならない。

2008年といえば、岡田監督が1回目の阪神の監督（第1次岡田監督時代2004〜08年）をしていた時期である。その年、阪神は交流戦で順調に勝ちを積み上げていた。

交流戦の優勝が近づいたある日のミーティングで、コーチの一人が「ここまできたら交流戦、絶対優勝するぞ！」と選手たちに檄《げき》を飛ばしたという。ところが、それ以降、チームの勢いがなくなり、最終的に優勝を逃してしまったということがあった。選手たちは「優勝しなければならない」という意識が過剰になって、いつも通りの試合ができなくなってしまったらしいのだ。そのときから、岡田監督は「優勝」をNGワードにしたという。

一期目の岡田監督時代、私は野球評論家・解説者という立場から岡田阪神を見守ってきた。2003年に星野監督のもとで優勝したチームを引き継いでの監督就任は、プレッシャーも大きかったのではないだろうか。そのせいか、監督就任直後の04年は4位に終わった。だが、翌05年にはリーグ優勝。06年は2位、07年3位、08年2位と、いずれの年も優勝争いを演じており、指導者としての能力の高さを窺《うかが》い知ることができた。

ある雑誌に、岡田監督にとって第1次の監督時代、もっとも印象深いシーズンはいつだったのかを問うているインタビュー記事が掲載されていた。

岡田監督は「そら、いっぱいあるで」と話しながらも、「08年もな。最後、負けたんもそう」と08年、監督最後のシーズンのことを語っていた。

岡田監督には長期戦に対する恐れがあるという。

あの年、悪夢を見たと岡田監督は言う。

7月上旬、阪神は13ゲーム差をつけての独走の首位。ところが、8月の北京オリンピックを境にしてチームの状況は暗転する。日本代表としてオリンピックに出場していた新井《あらい》貴浩《たかひろ》が腰椎を疲労骨折し、戦線を離脱したのだ。チームにとっては大きな痛手となった。さらに、後ろから追う巨人は終盤に12連勝していた。

一方の阪神は、一進一退の攻防を続けるが、ライバル巨人の猛追が重圧となっていった。「これで優勝できんかったら……、という思いは自分の中であったよ」と岡田監督は当時を振り返っている。

秋に差し掛かるにつれて岡田監督の顔色は悪くなり、遠征先のホテルでの食事が喉を通らなくなったという。

10月8日、巨人との直接対決に敗れて、シーズン残り4試合で初めての首位陥落。10日の横浜戦も逆転負けし、優勝を逃した。

翌11日の横浜スタジアムで、岡田監督は選手たちを集めて、「ひっくり返されたけど、お前らは思い切ってやればいい。責任は誰かが取らなあかん。俺が辞めたらいいんやから」と語ったという。

選手やスタッフにとっても、球団の上層部にとっても青天の霹靂《へきれき》だった。来季も岡田体制で臨むという方針で固まっていたからだ。上層部は引き留めにかかるが、岡田の決心は変わらなかったという。

岡田は13ゲーム差を逆転されて、巨人に優勝を明け渡した責任を負い、監督の座をみずから辞したのだ。相当な覚悟を持っての決断だったと思う。この決断は岡田なりの筋の通し方なのだから、周りがとやかく言う問題ではなかったのだろう。それでもやはり本心では、彼に監督を続けてほしかったと思ってしまう自分がいた。

しかしそれと同時に、彼はいつか阪神に戻って再び監督をすべき人物であると確信していた。

第2次岡田政権始動（2023年〜）——クリーンナップは守備を固定させ、打撃に専念させる

2022年10月、白地にストライプ柄のシャツ、黄色のネクタイと、タイガース愛がにじみでる出で立ちで、大勢の報道陣を前にして岡田新監督が就任記者会見に臨んでいた。

会見中にファンへのメッセージをお願いされると、

「前回は優勝チームを率いたのでキツイ部分もありましたが、今回は楽しみがあります。もう少し肉付けすれば、もう少し個々がレベルアップすればという事でチームが変わるのではという思いを強く持っています。シーズン終わる頃には楽しみにしていただけるのではと思います」と答えた。前回の監督のときよりも余裕を感じさせる一方で、筋金入りの負けず嫌いな面も垣間見られた。

さらに今のタイガースについては、「大山と佐藤（輝明）が中心となりクリーンナップを打って、不動のポジションでチームを引っ張っていく、そのようなチームだと思います

のでそこを固定して、それに若い選手がついてくるようになればと思います」と発言していたように、監督就任早々に決めたのが大山悠輔の一塁、佐藤輝明の三塁での固定起用だった。

「佐藤なんか、元々サードをやってたから、そのほうがリズムもできるやろ。クリーンナップを打っているやつがポジションをコロコロ替えたらあかん。打撃に専念できるような態勢をつくらんと野球になれへんで」と、打撃に専念できるように、クリーンナップの守備位置は固定させるというのが岡田監督の考えだ。

岡田監督の読み通り、昨季まで好不調の波が激しく、不振になれば長引いていた大山は春先から打率が安定し、一塁守備でも好守備を続けていた。一方の佐藤は、4月下旬まで打率1割台と低迷。それでも我慢して使い続けていたが、6月下旬に2軍降格。7月初頭に昇格後も復調の兆《きざ》しはあまり見られなかったが、8月は3割のアベレージを残し、9月8日の広島戦では、今季甲子園で10本目の本塁打を放った。打率も上がってきている。過去の2年間は後半戦に調子を落としていたが、今季はマジックを減らす原動力となった。不調になると体が開き気味になるが、今は下半身がしっかりして開かないようにして打てている。

岡田監督は監督就任当初から、「状態のいい選手を使う」と公言していた。143試合という長期間戦うレギュラーシーズンにおいては、選手の不調や怪我はつきものだと考え、何よりもチームの勝ちを優先させるならば、状況に合わせて選手交代を行うのはやむをえないだろう。

岡田監督は「勝負の9月戦線」で、「ここからは本当に大事になってくる。調子のいいもんを使っていくし、置いて行かれんようにせんとあかんよ」と全選手に予告していた。

センターラインの強化が勝負の鍵を握る

岡田監督が目指す野球は一期目と同じく「守り勝つ野球」だ。

2023年シーズンを戦う上で、私はシーズン前にセンターラインを強化すること——特にセカンドとショートの二遊間をいかに固定できるか——が勝負の鍵を握っていると考えていた。

私がそのように考えるきっかけになったのが、2010年の中日ドラゴンズの優勝だ。優勝の翌年、私は中日のキャンプ地を訪れていた。そのときに、当時中日の監督をしていた落合博満さんに、「中日と阪神の差（2010年に中日は優勝し、阪神は2位だったため）はどこにあったんですか？」と率直に尋ねてみたことがある。

当時の中日は、それほど打てる打線ではなかったにもかかわらず優勝したため、なぜ優勝できたのか、その疑問が頭をもたげていたのである。

そのときに落合監督は一言、「二遊間の守りの差じゃないのか」と教えてくれた。

当時の中日は、セカンドに荒木雅博《あらきまさひろ》、ショートに井端弘和《いばたひろかず》というプロ野球界を代表する二遊間を擁していた。野球ファンが「最強の二遊間コンビ」と聞いて真っ先に思い浮かべるのも、この2人「アライバコンビ」かもしれない。2人は落合さんが中日の監督に就任した2004年から09年まで6シーズン連続でゴールデン・グラブ賞を受賞していただけでなく、04年から3年間連続でベストナインも受賞している。

つまり、中日優勝の要因は落合監督が言う通り、セカンド荒木とショート井端の二遊間がしっかり守ったことによって勝ち取った「守り勝つ野球」だったのだろう。

それでは阪神は、「守り勝つ野球」ができていたのだろうか。

一期目（2004～08年）の岡田阪神時代には、それができていたといえるだろう。

2003年のシーズンオフのことだ。

岡田は、星野仙一監督から次期監督を託されていた。岡田はそれを受けて、チームの変革を考えたという。そこでまず初めに着手したことが、「鳥谷敬を獲得する」ということだった。

鳥谷は、岡田にとっては同じ早稲田大学の後輩にあたる。鳥谷のプレーについて大学関係者に聞くと、「大学4年間、試合で一度も送球ミスをしたことがない」というものだった。実際に母校のグラウンドで鳥谷を見て、ショートとしての守りの強さがあると感じ、「今後10年間、ショートを任せられる選手だ」と感じたという。

岡田は2003年度のドラフト自由獲得枠で鳥谷を獲得すると、早速ショートに抜擢した。今までショートを守っていた藤本敦士はセカンドに、セカンドを守っていた今岡誠はサードにそれぞれコンバートした。藤本は肩が強いほうではなかったため、ショートでの送球に不安を抱えていたし、今岡は守備の負担を減らして打撃に専念させたいためという、それぞれの力を生かせるコンバートだった。

そして、セカンド藤本、ショート鳥谷、センター赤星憲広を配置することで、センターラインの強化に成功したことが、2005年のリーグ優勝につながったのだろう。

二期目の岡田監督の前任の矢野《やの》燿大《あきひろ》監督（2019～22年）は、複数ポジションで選手

2005年以降の球団別失策数（セ・リーグ）

年＼球団名	阪神	広島	横浜	巨人	ヤクルト	中日
2005	70	114	66	67	51	60
2006	73	94	83	82	100	60
2007	68	74	91	54	82	69
2008	62	87	61	83	69	75
2009	86	100	99	84	57	84
2010	82	82	78	100	80	91
2011	74	64	75	67	56	83
2012	69	113	80	77	72	55
2013	64	106	66	62	93	78
2014	85	89	116	71	97	75
2015	77	88	82	72	71	94
2016	97	67	73	85	60	66
2017	82	71	66	68	86	57
2018	89	83	69	66	88	52
2019	102	87	65	72	97	45
2020	85	73	52	43	65	51
2021	86	80	73	45	79	56
2022	86	73	64	82	69	66

セ最多　セ最少

セントラル・リーグ　チーム守備成績／NPB.jp 日本野球機構より作成

を起用していた。2022年シーズンには、佐藤輝明は、サードで80試合、セカンドで63試合の出場だった。8月後半にはセカンドを守ることもあった。試合中にポジションが変わることも多かった。

大山に至っては、ファーストが78試合、レフトが36試合、サードで7試合の出場だった。阪神のエラー数は5年連続でセ・リーグ最多となった。

岡田監督は就任記者会見で、「責任を持ってそのポジションを守らせるようにしないと、なかなかエラーは減らないと思うね」と語っていた。大山選手の一塁固定、佐藤選手の三塁固定を明言したのだ。

なぜ、2018年から阪神は失策数がセ・リーグワーストだったのだろうか。それは、鳥谷が抜けてしまったからだろう。鳥谷がショートとして全試合出場していた2005年から2015年の間は、一度もセ・リーグワーストの失策数を記録していない。どちらかというと、セ・リーグの中では失策数は少ない球団だったのである。

やはり、守り勝つためには、守備の固定とセンターラインの強化は欠かせないということだろう。

◉――打者は打っても3割。長期戦だからこそ守備が要

岡田監督は言う。「現役のときから守備が大事だと思ってたよ。打者はよく打っても3割。10回のうち、7回失敗するし、打つ方はそんな期待できん。対して守備率は10割に近づけるやろ。トーナメントみたいな一発勝負やったら、打線の波が来ているときは打ち勝てるけど、143試合という長いシーズンは、それじゃ無理やわ」。

つまり、投手陣を中心にして、他のポジションの守備も盤石《ばんじゃく》にして、そこに打力を加えられれば、守り勝つ野球で勝てるということだ。

岡田監督の守り勝つ野球に上手くハマったのが、昨季（2022年）までショートとしてレギュラーを務めた中野拓夢の二塁へのコンバートだろう。中野はコンバートされてから機敏な動きを連発し、二番打者としても活躍している。

ただ、中野の守備変更には相当の勇気が必要だったろうと思う。中野は昨季はショートでベストナインに輝き、3月のWBCでもショートが主戦場だったからだ。だが、岡田監督には、22年までの評論家生活から確固たる判断材料があったと聞く。

「記者席から見ていて、ショート、どこ守ってんねんって。肩に自信がないからやろ。そんな不安をもって打席に立ったら、打つほうにも影響するよ」と発言している。

内野手は守備位置で肩の強さがわかる。甲子園を守るショートの場合、黒土と芝生の境目が一つの目安となる。芝生近くまで下がって守る選手は、肩に自信があると見ていいだろう。逆に背後の黒土の範囲が広い選手は、肩に不安がある証拠だ。中野の場合は、後者だった。つまり中野は、守備位置が浅いということだ。送球に不安があるから、そうなるのだろう。それならば、二塁にして打撃に集中させようというのが、岡田監督の考えだろう。

ただ、中野自身から見ると、二塁へのコンバートには複雑な思いがあるはずだ。

中野が二塁へのコンバートの可能性があることを知ったのは、スポーツ新聞の記事でだったという。岡田監督の就任会見が行われてから2〜3日たったタイミングで「中野に二塁コンバート案」の見出しが、スマートフォンの画面を通して目に飛び込んできた。

「正直に言うと、最初は受け入れられない部分もありました」と、中野はある雑誌のインタビューで答えている。その半面、葛藤もあったようだ。

中野はショートの定位置をつかんだ一方、1年目は135試合で17失策、2年目は135試合で18失策と、どちらもリーグ最多の失策を犯している。中野自身も、「2年連続でショートをやっていて、エラーが一番多かったっていうこともあって。自分自身、『ショートをやっていて大丈夫なのかな』という気持ちは、確かにありました」と語っている。

さらに中野は、「コンバートという話をいただいて、これを機に何か守備に対して変わるんじゃないかなと思ったんです。岡田さんがおっしゃっていたように、肩もそこまで強いわけじゃないですし。逆にいい機会をいただいたんじゃないかなと」と雑誌のインタビューで答えている。その後、中野は予期しなかったコンバートでも「二塁手をやるからにはゴールデン・グラブ賞を」と、新たな目標を設定したという。

今季（2023年）は、5月11日のヤクルト戦（甲子園）で初失策を喫するまでは30試合無失策。格段に安定感が増した。4月19日の広島戦では、中野自身が挙げるここまでの今季ベストプレーが飛び出した。

1死一、三塁で迎えた7回。マット・デビッドソンの詰まった当たりが二塁後方へ上がった。中野は背走しながら打球を追い、後ろ向きでキャッチしてみせた。プロ1年目に盗塁王に輝いた俊足を生かした守備範囲の広さで甲子園球場を沸かせた。

もう誰の目から見ても、中野の二塁へのコンバートはプラスに映っているだろう。現に守備の安定は打撃のほうでもプラスに働いている。2023年の失策数は9個に減り、164安打で最多安打のタイトルを獲得した。「守備が落ち着いたことで、気持ちに余裕が生まれたんじゃないですかね」と本人が言うように、中野の肩力を見定め、二塁への適性を見出した岡田監督の指揮官としての眼力には脱帽するばかりだ。

●――難攻不落の佐々木朗希を四球で攻略

岡田監督は、2004年から08年までの第1次監督時代から、「四球はヒット1本と同じ」と言い続け、ボール球を見極めることの大切さを訴えてきた。

なぜ、岡田監督はそれほどまでに四球を選ぶことに重きをおくのか。たとえば、チームの得点力が弱い、各打者の調子がそれほどよくないといった状況の中では、ヒットを狙ってもなかなか出ないものだ。そんな中で四球を選んで出塁することは、打線がつながることを意味する。打線がつながれば、四球を足がかりにして得点を奪うこともできる。

その象徴となるゲームが、2023年6月4日に甲子園球場で行われたロッテとの交流戦での「佐々木朗希《ささきろうき》攻略」だ。

その日の阪神打線は、5回まで無安打無得点、9奪三振と佐々木朗希の快投を前に苦しめられたが、6回にまわってきたわずかな隙を見逃さなかった。

先頭の中野が四球を選んで出塁すると、次のシェルドン・ノイジーの打席で二盗塁を決めた。１死後に佐々木の暴投で中野が三塁に進んだ。その直後、打席に入った大山が浮いた変化球を右前に運ぶタイムリーヒットで先制点をもぎとった。

先発の佐々木は6回で降板すると、7回には代わったばかりの八木彬《やぎあきら》から梅野隆太郎《うめのりゅうたろう》が左翼スタンドへソロホームランを放ち、それが決定打となり、2対0で勝利した。ここまで開幕から無傷の4連勝だった佐々木に初黒星をつけた。

佐々木朗希攻略には伏線があったという。岡田監督は佐々木攻略の突破口として、見逃し三振OKの指示を出していた。阪神打線は5回までに9三振を喫した一方で、4四球を数え、１００球前後が目安の佐々木に球数を多く投げさせた。

佐々木相手に連打は期待できない。そこで各打者が打ちにいくストライクゾーンを狭め、限定し球種を絞る。追い込まれてからもボール球を見極め、四球を選んで次につなげる。そういう姿勢をチーム全体で徹底していたからこそ、佐々木相手に1安打で勝てたのだろう。

また、その四球によって劇的な勝利を収めたのが、２０２３年8月12日のヤクルト戦だ。

阪神が計7四球を奪って劇的なサヨナラ勝利につなげたのだ。

初回は先頭・近本が四球で出塁し、中野がヒットでつなぎ、1死二、三塁から大山の内野ゴロの間に先制点を奪う。さらにノイジーがライトへタイムリーヒットを飛ばし、2点を先制。

6回は1死から佐藤輝明の四球が足がかりとなり、ノイジーの安打で一、三塁とすると、坂本誠志郎《さかもとせいしろう》のセーフティースクイズが成功。延長12回にも、無死二塁から森下翔太が四球を選び、佐藤のセンターへのサヨナラ犠牲フライにつながり、4対3で勝利した。

今季（2023年）の阪神好調の理由は、四球の多さにあると言っていいだろう。

今季の両リーグ断トツの四球数は、確かな得点源にもなっている。ランナーが出なければベンチは何も動けない。四球を含めた出塁率を高めることが、得点につながっていくのだ。8月12日の試合も、得点した回はすべて四球が絡んでおり、2023年のチーム打率は2割4分7厘でリーグ2位だが、12球団最多494という四球を生かして得点につなげている。

個人成績でも2022年のセ・リーグ出塁率ランキングでは、大山が6位に入っているだけだが、2023年は大山、近本、中野が10位以内に入り、佐藤も11位となった。

また、チーム本塁打84はリーグ5位だが、106犠打はリーグ2位と、確実に送りバントを決めている。また、犠飛数も突出している。47犠飛は12球団トップで、リーグ2位のヤクルトに13の大差をつけた。その結果、阪神の1点差ゲームは27勝16敗。貯金11で、二番目に多い広島の26勝22敗と比較して圧倒的である。

◉──四球が急増した理由は査定アップにあり!?

四球が急増した理由のひとつは、6月2日に公開されたABCテレビ（朝日放送）の公式YouTube番組『虎バン』で、私と岡田監督との対談の中で明かされている。

私が四球の増えた理由を聞いたら、岡田監督は「これまでボール球を振っての凡打が多かったんでね」と発言した上で、「開幕の前の日に球団に言うたんですよ。フォアボールの（査定）ポイントをちょっと上げてくれと。了解を得てね。前日のミーティングで選手に（四球の査定ポイントが上がったことを）言うたんですよ」と教えてくれた。

プロ野球選手の年俸は、一試合、一試合の「走攻守」のすべてをポイント化して査定し、その合計ポイント数をもとに来季の年俸が決まる。項目によってポイントの基本数が違い、シングルヒットよりも二塁打、三塁打、本塁打のほうが高い。タイムリーヒットとなると、打点のポイントが加算されることになる。

四球にも基本のポイント数が設定されているわけだが、その四球の査定ポイント評価をアップすることを岡田監督が球団に掛け合って、フロントの了承を取り付け、開幕戦の前日のミーティングで選手に伝えたというのだ。

プロ野球選手は個人事業主だから、ただ「ボールを振るな、四球を選べ」と指示するよりも、それが給料に跳ね返ってくるとなると説得力が違ってくる。もちろん、選手たちは査定アップを意識してプレーしているわけではないが、モチベーションアップにつながることは確かだ。また結果的に四球を選ぶことによって、チームの得点や相手に与える影響は大きい。

打撃の神様と呼ばれた川上哲治さんは、「ヒット1本打って、フォアボール1個、選んだら（打率は上がり）首位打者だ」とよく言っていた。ボール球を見極めることは、バッティングの成績を大きく左右するため、打者の調子にも影響を与える。打者はボール球を振ってしまって崩れていく場合が多いため、四球の影響は計り知れないのだ。

◉——「勝負勘」の裏にある綿密な計算

「負けるチームの典型は、勝てる試合を落とすこと」と岡田監督は言う。

ここであと1点取っておいたら勝てるはずなのに、取れなくて負けるなど、試合の流れが読めない。点を取ったら安心してしまって、ちょっとでも追い上げられただけで焦ってしまう。勝負どころがわかっていないからだ。一言でいうと「勝負勘」がないのだ。

たとえば、序盤に5点くらい取れると、「今日は勝った」という雰囲気になる。「この次、先に相手に1～2点でも取られたら、流れが悪くなるから、あと1点でも取らなあかんぞ」と言っても、そういうチームは監督やコーチだけでなく選手もそれをわかっていない。そうこうしているうちに、終盤に追いつかれでもしたら慌てはじめ、そこから一気に崩れて自滅する。

そんなチームの監督や選手はベンチにいても背中をつけてゆったりと座って、漠然とグラウンドを眺めているだけで、気持ちも姿勢も前のめりにグラウンドに向かってはいない。

その点、岡田監督は違う。試合の流れをつかみ、勝負どころでは抜群の勝負勘を発揮する。それは今季（2023年）開幕早々の3戦目、4月2日の横浜DeNA戦でも見られた。

阪神が2点リードで迎えた8回の攻撃、2死一塁の場面だ。一塁には四球で出塁した中野がいた。DeNAの投手は、エドウィン・エスコバー。二塁を狙える状況だったため、岡田監督は中野に盗塁のサインを出した。初球はストライク、その直後からエスコバーが2度、牽制球を挟んだ。明らかに中野の盗塁を警戒していた。3度目の牽制直前、動きを見抜いた中野が二盗塁に成功。

その直後、岡田監督はベンチを出た。島田海吏《しまだかいり》の打席の途中で、「代打原口《はらぐち》」を告げた。勝負どころで起用された原口文仁《ふみひと》が、初球をとらえ2ランホームランでリードを4点差に広げ、6対2で勝ち越した。

勝負どころで一気に流れをつかむ采配は、実は緻密《ちみつ》に計算されたものだった。まずは、一塁走者が捕手の死角になりやすい左打者の島田を打席に立たせ、中野が得点圏に進みやすい状況を整えたこと。そして打席途中での唐突にも見える原口の代打は、細部に目を配った結果だ。

実は前日のDeNA戦で8回、1死二、三塁で原口を代打で起用した。原口はエスコバーの直球にサードファウルフライと凡退に倒れた。

それを見ていた岡田監督は「前の日もエスコバーにいい感じのサードファウルフライやったんや。悪い打ち方やなかったし、紙一重のタイミングやった。それで、躊躇なく原口でいったんよ」と代打原口を起用した理由を説明した。前日の凡退の内容から、冷静に2人の相性を見極めていたということだ。

就任時に掲げていた「ベンチで点を取る野球」を見事に有言実行させた形だ。言ったことをそのまま実行するのは、単純なように見えて難しいものだが、岡田監督は見事にやってのけた。

●――「守り勝つ野球」の条件

阪神タイガースは、8月16日の広島戦に勝利し、優勝マジック29が点灯。その後順調にマジックを減らし、セ・リーグ首位を独走して優勝しただけに、マスコミの注目度も高い。

その中でも、もっとも注目を集めるのは岡田監督だ。選手の活躍は試合ごとに変動するが、監督の采配・発言は連日ニュースで取り上げられる。優勝候補チームの監督だからという以外にも、彼の思考は報道する価値ありと認識されているからではないだろうか。

たしかに、岡田監督の采配や発言は「岡田イズム」と呼ばれているように、彼独自の思考がある。そこで、ここからは現在の「岡田イズム」の原点はどこにあるのか。岡田監督の発言や著書などから紐解《ひもと》きたいと思う。

岡田監督が重視する戦略のひとつとして、まず挙げられるのが「守り勝つ野球」だ。これについては前述しているが、ここではより詳しく述べよう。

「野球で一番完璧に近づけることができるのは、守備である。チーム打率は3割にすら届かないが、守備率は限りなく10割に近づけることができる。それを考えれば、まずディフェンスを中心としたチーム作りに着手することが、勝利への近道になる」と岡田監督は述べている。

この考えについては、私も大いに賛成だ。私と岡田監督が現役選手だった1985年の阪神優勝のとき、マスコミは「200発打線」と言って盛り上がっていたが、私は「守り勝ったチーム」だと思っていた。1対0でも10対0でも、1点差を守る力がなければ優勝はあり得なかったのだから。そして85年の阪神にはその1点を守る力があった。

岡田監督が考える「守り勝つ野球」とは、具体的にはどんな野球だろうか。

一言でいうと、「投手を中心にした守りの野球」だ。まずは守備におけるミスが少ない。守備率がいいチームは「守りながら相手を攻撃する」ことができる。守りのいいリズムを保ったまま、攻撃に臨めるため、得点する可能性も高まる。

守備の中心になるのはセンターラインだと岡田監督は言う。

ピッチャー、キャッチャー、ショート、セカンド、センターと、ボールに絡む機会が多いこれらのポジションがしっかりしているチームは、守備力が高いチームだといっていい。

ファーストやサードは、比較的代役が務めやすいポジションとなる。そのため、外国人選手がこのポジションを務める場合が多いのも、そういう理由からきている。

だが、センターラインの代役はなかなか務まらない。外野だったら、どこでも大して変わらないように思えるかもしれないが、センターは専門職といっていい。というのは、センターはレフトとライトに指示を出し、外野全体に関わりながら自分のプレーもこなしていかなければならないからだという。

逆にいうと、センターライン以外の選手は、複数のポジションを守ることができなければならない。今の野球においては、それがレギュラーになるためのひとつの条件となる。

「守り勝つ野球」の理想は、センターラインを不動のメンバーで戦い抜くことだが、全143試合という長いシーズン期間を通して、センターラインを不動のメンバーで戦い抜けるチームはまずないといっていい。怪我や体調不良に加えて、打撃の調子が落ちたときは、代打も出さなければならないからだ。

だからこそ、センターラインに入る選手には「走攻守」の3つが他のポジション以上に求められる。このセンターラインがブレていれば、常勝軍団の構築などとてもできないだろう。

◉──抑え投手は「ビビリ」であること

現代の日本のプロ野球チームは、先発ピッチャーの故障のリスク軽減や球数制限などもあり、投手の分業化が進んだ。その結果、投手の数も多く、役割も明確に分かれている。

昔のように先発投手が9回まで一人で投げ切る完投型のピッチャーは減少し、先発投手が

6回から7回で降板することが当たり前になった。

昔のプロ野球では「先発完投型」が花形であり、抑えをはじめとするリリーフピッチャーは地味な存在だった。だが、今では長いシーズンを戦い抜くには、緊張感が高まる試合終盤を安心して任せることができる投手が必要不可欠となったのだ。

中でも抑え投手は、試合終盤や最終回に登板することが多く、トップクラスの選手はシーズンを通して抑えを務め、チームの守護神と呼ばれる。

そうした状況から、今のプロ野球の監督たちは、どの回でどの投手を使うか頭を悩ませることが増えたのではないだろうか。

岡田監督は、一試合を詰将棋のように逆算して考えるという。

まずは抑え投手を誰にするかを決め、その次は抑え投手につなぐ役割を果たすセットアッパーを決める。ちなみに、セットアッパーは抑え投手に次ぐ実力者が配置され、将来の抑え候補になることが多い。先発投手の人選は、抑えとセットアッパーが決まってからになる。

岡田監督いわく、「先発投手の代わりはシーズン中に何人か出てくるが、抑え投手の代わりは、簡単に出てくるものではない」からだという。

抑え投手に求められることは、第一に「ビビリ」であることだと岡田監督は言う。通常だと抑え投手は、同点や満塁などピンチのときに登板することが多いため、プレッシャーに耐えられるだけのメンタルの強さが必要だといわれる。この岡田監督の発言は、これまでの定説を覆すものに聞こえるが、よくよく聞いてみると「なるほど」と思わせるところがある。

ビビリとは、臆病者という意味ではないという。1点差で迎えた最終回。その場面で打たれることに恐れを感じることができ、1球の重要性を十分に理解していることを意味する。成功するか失敗するかわからないが、とにかく運を天に任せてイケイケで投げてしまう選手は抑えには向いていないという。

岡田監督が1期目に監督を務めていた時代（2004〜08年）に、阪神で抑え投手として大活躍した藤川球児《ふじかわきゅうじ》は、典型的なビビリだったと岡田監督は述べている。藤川はストレート真っ向勝負なので、イケイケに見えるかもしれないが、実は繊細で打たれる怖さをしっかりとわかった上でマウンドに上がる投手だったという。

もちろん、ここぞというときに三振を取れるというのも、抑え投手の大きな条件となる。

過去の投手でいえば、「大魔神」の異名で恐れられた佐々木主浩《ささきかづひろ》などはその典型だ。150キロを超える剛速球とフォークボールで多くの三振を量産した抑え方は、ベンチで見ていて一番安心できるタイプだ。

それとは逆に、打たせて取るタイプの投手を抑えにもっていくと、不測の事態が起こる可能性があることは否めない。エラーがないとは言えないし、打球がイレギュラーバウンドすることもある。

ボールがバットに当たれば、何が起こるかわからないのが野球だ。抑え投手は必ず三振を取れるボールをひとつは持っていることが大切なのだ。

◉──JFKという名の球史に残る継投策

7回、8回、9回と投手を代えて、それぞれの回を一人ずつで締める。今では当たり前になった継投策は、実は2005年に岡田が阪神の監督だったときにつくり上げたものだ。

「火の玉ストレート」の藤川球児が7回に流れを引き寄せ、左のサイドスローからスライダーを決め球とするジェフ・ウィリアムスが8回を抑えて追い込む。9回を締めるのはトルネード気味のオーバースローから重い球質のストレートを投げ込む久保田智之だ。

2005年の阪神優勝の立役者は、この3人の抑え投手「JFK」だと言っても過言ではないだろう。JFKのJはジェフ・ウィリアムス、Fは藤川球児、Kは久保田智之のことだ。

2005年6月の交流戦に入ったあたりから、7回以降、JFKの剛腕トリオが投げれば、阪神は負けないと言われるまでになっていた。夏場からは連日のように登板し、7回以降の3イニングを3人のリリーフ投手が抑える継投策は、「岡田阪神の最高傑作」「平成プロ野球の革命」「野球を変えた」と称賛された。

球史に残る継投パターンを編み出した着想のきっかけは、岡田監督が野球少年だったころにまで遡る。

「野球を始めた子どものころ、バッターは7回になったら『ラッキーセブン』って言いよる。『なんで7回はバッターが有利なんやろな』って思っとった。あるとき、『ラッキーセブンって、そのイニングに得点が入る確率が高いからラッキーセブンって言うんやな』と気づいた。だから、このラッキーセブンのところをビシッとゼロで抑えられるピッチャーでいったろと思った。7回で相手の流れを止められたら、それで流れが変わる。ラッキーじゃなくしたろって思った」と岡田監督は語っている。

JFK誕生の始まりは、前年の2004年にあった。リリーフ陣の柱だった安藤優也とジェフ・ウィリアムス（オーストラリア）がアテネオリンピック出場のため、ペナントレースの途中で離脱することになった。

チームを離れた2人の代わりに、藤川と久保田が抜擢された。久保田は入団1年目の2003年に先発投手として5勝を上げたが、シーズン途中で肩を痛めて日本シリーズには出られなかった。

藤川は、先発投手として1軍と2軍を行ったり来たりする選手だった。4回までは素晴らしいピッチングをするのに、いつも5回、6回で捕まってしまうため、1軍の先発では1勝しか上げていなかった。

当時、阪神の投手コーチとしてリリーフ陣を指導していた中西清起は、「2人は先発としてはちょっとキツイなというのがあったけど、リリーフの適性があった。この年に藤川と久保田をリリーフで起用し、ある程度対応できる手ごたえをつかんだ」と語っている。

2005年、JFKの先陣を切ったのは藤川だった。右投げの藤川は7回の相手の攻撃を完全に封じた。さらに左投げのウィリアムス、右投げの久保田とリレーした。その後のJFKの活躍は前述した通りだ。

JFKが残した功績は、阪神を優勝に導いたことだけに留まらない。JFKがいたからこそ、あの時代があったからこそ、リリーフ投手が評価されるようになったのだ。

2023年バージョン新・継投策

それでは、第2次岡田政権では、どのような継投策が見られるのだろうか。

まずは2023年4月12日に東京ドームで行われた巨人戦を見てみよう。

プロ3年目、今季初先発の村上頌樹《むらかみしようき》が、立ち上がりからキレのいい直球と変化球を駆使して、7回まで完全投球を続けていた。ここまでの得点は、4回にノイジーが放った1号ソロホームラン1点だけだったが、村上は7回まで84球を投げ、打者21人からアウトを奪い、走者を一人も許さずにパーフェクトに抑えていた。

あと、6アウト奪えば、昨年（2022年）4月10日のオリックス戦で成し遂げた佐々木朗希以来の史上17人目となる完全試合の快挙だった。

ところが、8回1死で巡ってきた村上の打席で代打を告げられ、降板となった。まさかの代打起用に、完全試合を期待していた阪神ファンからは驚嘆の声が上がるなど、球場は騒然となった。

その裏、村上の後を引き継いだ石井大智《いしいだいち》は、巨人の四番・岡本和真にソロホームランを打たれ、同点に追いつかれてしまう。1対1で迎えた延長10回に近本が決勝打を放ち、勝負を決めた。投手は石井の後は岩崎優《いわざきすぐる》、湯浅京己とつなぎ、接戦を2対1で制した。

この試合の勝負の分岐点は、村上の交代だろう。7回まで完全投球を続ける村上に代打を告げた采配のことだ。岡田監督としては、「どうしたら、この試合に勝てるか」と考えた末での決断だったと思う。完全試合の記録より、勝ちを選んだのだろう。監督として、そういう決断をすることは当然だ。もちろん、村上の球のキレが落ちてきていたことや、後ろにいいピッチャーが控えていて勝ちパターンがあるというのも大きいだろうが……。

続いては、2023年8月10日、東京ドームでの対巨人戦。

この日の試合の継投策は、一言で表現すると「一人一殺《いちにんいっさつ》継投」と言えるだろう。

この日は、連投が続いていた岩崎優に休養をとらせるため、守護神不在で臨んだ試合だった。2023年の岩崎は35セーブで初のセーブ王を獲得した。防御率1・77の結果を残した阪神の絶対的守護神である。またWBCに出場し開幕から抑えを任された守護神候補の湯浅京己は、シーズン途中で故障し離脱。その後、2軍調整中に左脇腹を痛め、離脱が長期化している。岡田監督は、シーズンに入る前に、湯浅を頭数に入れないと発言していた。WBCの公式球とNPBの公式球は異なる。調整に時間がかかると読んでいたのだ。

そんな中で迎えた巨人戦の先発は、才木浩人《さいきひろと》。完投を期待されたが、阪神1点リードで迎えた8回裏、巨人の攻撃で1死一、三塁のピンチを招いてしまう。そこで岡田監督は、継投を決断。

巨人の六番・中田翔《なかたしょう》には加治屋蓮《かじやれん》を投入。加治屋は、直球とフォークで2ボール、2ストライクとし、最後はカーブでタイミングを外し、空振り三振に打ち取った。続く七番・左打者の秋広優人《あきひろゆうと》には、加治屋に代えて島本浩也《しまもとひろや》をマウンドに送った。

次に右打者の代打、岸田行倫《きしだゆきのり》が登場し、2球目に盗塁を決められ、2死二、三塁とピンチに陥るも、冷静に内角低めのフォークで対応して、サードゴロに仕留めた。9回裏、3点リードの阪神は、投手をカイル・ケラーに代えて今季初セーブで締め、5対2で勝利した。

試合後、岡田監督は岩崎がいない中での継投を振り返り、「今日はあまり無理さそうにね。（巨人打線が）ジグザグやったから、一人一殺というあれで。あんま負担かからんように、加治屋、島本には打者一人に集中させた。あの場面じゃ負担かかるけど、球数とかいろんな面でちょっと楽かなと思って」と述べている。

2005年優勝時のように、7回までに阪神がリードしていたら、残り3イニングはJFKの3人で継投していけば勝てるという鉄壁の勝ちパターンはない。しかし無理な連投は避け、5人ほどの投手でつなぎながら勝ちパターンをつくるという構想は貫かれているのではないだろうか。

●「無死一、二塁のゲッツーはOK」その心は？

2022年11月、阪神の秋季キャンプが高知県安芸市で3年ぶりに行われていた。新型コロナウイルスの影響で2020年、21年は中止となったが、この秋は練習も公開されて、多くのファンが球場に訪れていた。

2022年10月に阪神の監督として二期目が始まったばかりの岡田監督だが、就任以来、次々に繰り出される「岡田イズム」が話題となった。

この日も「無死一、二塁のゲッツーはOK」などの独特の持論が飛び出した。

練習後、報道陣の囲み取材で「打て」のサインについて、「無死一、二塁で『打て』のサインになったら、ゲッツーでもええんや」という大胆とも思える理論を展開して、報道陣を驚かせていた。

無死一、二塁の絶好機に打順が回ってきて、打者がゲッツーに倒れたら「最悪の結果」と捉えるのが普通だ。だが、岡田監督によると「打て」のサインを出した時点で、ゲッツーは想定内だという。責任は「打て」のサインを出した監督である自分にあるのだから、打者は思い切って振っていけばいいという。

なぜ「無死一、二塁のゲッツーはOK」なのかというと、次の打者の心境を考えてのことらしい。

「2死三塁は、次の打者はものすごい打ちやすいんよ。それが『打て』と言うとんのに、右打ちするような変な打ち方でポップフライになって1死一、二塁になったら、次の打者は打ちづらいで。2死三塁なら凡打でも何の罪もない。ゲッツーにもならんしな。無死一、二塁でベンチから『打て』のサインが出たら、ゲッツーになっても知らんぷりしとけばええ」

「後ろの打者にとって打ちやすい環境をつくる」という、次の打者の心境にまで考えを及ぼすのが「岡田イズム」なのだ。その好循環が、いい結果につながっているのだろう。

岡田監督の「ゲッツーOK」という考えは、彼が阪神の2軍打撃コーチだったときからあったものだ。

ある日の2軍の試合で、無死一塁の場面がきた。北川博敏《きたがわひろとし》がバッターボックスに向かうと、ベンチがざわついたという。その理由を岡田が聞くと、「北川は、きっとゲッツー取られますよ」と返ってきた。案の定、北川はゲッツーに倒れた。

北川は好機でのゲッツーを怖がって当てにいくから、ショートゴロになって、ゲッツーを取られていたのだ。そこで岡田は次の試合、同じ状況で北川の打席が回ってきたときに、あえて「ゲッツー打ってこい！」と言って送り出した。

ベンチはみんな黙ってしまったが、結果は三遊間を抜けるヒット。ゲッツーを恐れずに、きっちりバットを振り切ったから、打球が強くなり、野手の間を抜けていったのだ。

岡田の「ゲッツー打ってこい！」という発言には、失敗を恐れずに思い切っていけという親心にも似た気持ちがあったのではないだろうか。

◉監督の仕事は試合前にほとんど終わっている

「監督の能力がチームの結果に影響を及ぼす割合は、決して少なくない。だが、シーズン中に監督の采配で勝てるのは3~4試合、せいぜい5試合あればいいところ。監督にとってそれ以上に大事なのは、シーズンが始まるまでの準備段階だ」と岡田監督は述べている。

要は、監督の仕事は、試合前にほとんど終わっているということだ。

準備段階でやることとは、チームの戦力を分析して、補強が必要ならフロントに掛け合い、外国人選手やFA、ドラフトなどの方法で戦力を整え、秋と春のキャンプで選手の能力を高められるようにすること。これらの準備をいかに整えられるかは、監督の手腕にかかっている。

とはいえ、プロ野球の戦いは、グラウンドだけにあるのではない。監督の力だけではどうにもならないことがある。それはフロントの存在だ。

フロントとは、各プロ野球チームにおけるオーナー、社長、幹部などの上層部を指すことが多く、プロ野球球団に関する、あらゆる事柄の始まるところで、すべての根幹をなすところでもある。

フロントの仕事を大別すると、球団の運営とチームづくりの2つに分けられる。監督や選手などの現場組にとって、主に関わるのはチームづくりのほうである。

フロントにおけるチームづくりの仕事は、選手の獲得や育成、ドラフト会議の人選、外国人選手の獲得など、いわゆるチーム編成の部分だ。

したがって、フロントにおいてもっとも大事な仕事は、今年勝てなかったのならば、その原因を明らかにして、どこを補強するかの方針を明確にし、チームの将来的な展望を加味した上で、それに基づいた選手獲得を行うことだ。フロントがチームの現状を正しく認識していなければ、これらの仕事を全うすることはできない。

そこで大事になってくるのが、現場とフロントの協調である。チームの現状がよくわかっているのは当然現場だからだ。チームづくりは、フロントと現場がどういうチームをつくっていくかのビジョンを共有することなのだ。

ユニフォームを着た現場組と、背広を着たフロント組を合わせたものが、その球団の戦力だといっていい。

そうして集まってきた戦力を手に監督が指揮を執り、戦力である選手はグラウンドで結果を出す。そこで勝敗を分けるのは、ユニフォームを着て戦う現場とフロントの力がいかに有機的に連携しているかである。

2006年に阪急阪神ホールディングスになってから阪神は2022年まで優勝がなかった。そのため、フロントの勝ちたいという思いが第2次岡田政権につながったのではないだろうか。

阪神の新しい伝統が第2次岡田政権によって築かれようとしている。

◉ 選手の能力や適性を見抜くのが監督の仕事

「監督の大事な仕事のひとつは、選手の能力や適性を見極めることだ」と岡田監督は語っている。

その例として、前述したJFKの藤川球児について言及した。

岡田が阪神で2軍監督をしていたころ、ドラフト1位で入団してきたばかりの藤川と出会った。藤川は球質は軽いけれどホップする。これはいい投手に巡り合えたと思ったという。

高卒で入団してくるルーキーで最初から即戦力として1軍で活躍できる選手は少ない。藤川も3年間は2軍で鍛えて、4年目に1軍で投げさせようと岡田は考えていた。

2軍では先発投手として起用し、多くのイニングを投げさせて育成していくのが基本である。当然、藤川の場合も先発で投げさせたが、5回くらいまで投げると、ガタッと球速が落ちる。

藤川は投球術という面では不器用だった。牽制したりバント処理などは器用だが、打者への攻め方は目いっぱいしかできない。それは球種が少ないからで、長いイニングをかわしたり、遊びながら投げるということができない。1イニング目いっぱいで投げないと持ち味が出ないタイプだ、と岡田は分析していた。

入団した翌年、藤川は1軍に上がり、先発ピッチャーを務めたが、野村監督（1999～2001年）のときも、星野監督（2002～03年）のときも結果を残せなかった。

このころ（2003年）、藤川は1軍と2軍を行ったり来たりしていたが、岡田は「藤川に先発は無理や」という思いを抱いていたという。あるとき岡田は、ウエスタン・リーグ（2軍の公式戦）トーナメント戦の中日戦に藤川を先発させた。

試合前に岡田は、「今日は、先発の最終テストや。完投して投げ切れたら先発に使うけど、アカンかったら、次からお前は中継ぎで、短いイニングしか投げさせられへん」と告げた。

この試合には、たまたま調整か何かで中日の1軍の山崎武司《やまさきたけし》と大豊泰昭《たいほうやすあき》が出場していて、藤川は6回裏に2人にホームランを打たれた。その結果として岡田は、藤川に先発をあきらめさせたという。

だが、藤川は直球にスピードがあって、短いイニングなら十分活躍できると思い、生かせる道を探って、リリーフに配置転換した。これがのちにJFKとして活躍するきっかけになった。

「藤川は、私以外の人間が1軍監督だったら、2003年の時点で球団から戦力外通知を受けていただろう。解雇リストに藤川の名前があったのを見て驚いた私が、ただちにそれを撤回させたのだ。もしもあのとき阪神が藤川を放出していたら、藤川が高知商高のときから目をつけていた苑田聡彦《そのだとしひこ》スカウトのいる広島かヤクルトあたりに拾われていたかもしれないと思うと、ゾッとする」と岡田監督は振り返っている。

選手の能力や適性を見抜く力は当然、今も健在だ。

阪神は2023年8月13日、京セラドーム大阪で行われたヤクルト戦に5対3で勝利し、16年ぶりの10連勝を飾った。その立役者が、腰痛でベンチ入りを外れたノイジーの代わりに抜擢された小野寺暖《おのでらだん》だ。約1カ月ぶりの先発出場だった。

阪神は1点を追う3回、1死満塁で打席に出た小野寺が、ライトへ逆転の2点タイムリーを放った。先発起用は今季6度目で、代打や途中出場でのタイムリーヒットはあるが、先発でのタイムリーはプロ入り4年目にして初だった。

前日の12日は、昼間に2軍の試合に出場し、3打数3安打と好調だった。夜は1軍の試合が行われる京セラドームへと向かった。守備から途中出場し、打席で出番が回ってきたのは午後10時過ぎ。延長11回1死一塁の場面だった。岡田監督からのサインはバント。1軍での犠打成功の経験もなく、あっけなくスリーバント失敗に終わった。チームは今季12球団最長となる5時間16分の死闘を制し、ヤクルトにサヨナラ勝ちしたが、小野寺に笑顔はなかった。

13日の試合後、小野寺は「昨日のミスを取り返したい気持ちが大きかったです。チャンスで打つことができてよかったです」と答えた。リベンジの機会をくれた岡田監督の起用に結果で応えた形になった。

岡田監督は、2軍で結果を残して昇格した小野寺について、「元々バットを振って、よさを生かしていくタイプ。（昨日の）バントの失敗はある程度、ベンチも本人も自覚している。あれだけアウトステップしているにもかかわらず、逆方向へしっかり強い打球を打った。4打席もらえたなかで勝負強さを発揮した」と評し、賛辞を送った。

この試合での小野寺の活躍は、岡田監督の采配が見事に的中したものといえるが、「シーズン中に監督の采配で勝てるのは3～4試合」と監督が前述しているように、日頃から選手をよく見て能力や適性、状態を常に把握しているからこそできる采配なのだろう。

◉──勝利の秘訣はマイナス思考にあり

「私は常に、考えうる最悪の事態を想定して、試合に臨む。（中略）つまり常に『マイナス思考』で、試合に備える、ということだ。マイナス思考というと、勝負に対して弱腰のように感じるかもしれないが、悪い時の対処法を常に想定しておけば、試合中に何が起こっても対応できる」と、岡田監督は著書『動くが負け』（幻冬舎新書）の中で述べている。

考えうる最悪の事態とは、たとえばこんなことだ。

相手の先発が高卒のルーキーだったとしても、「今日は行けそうや」とは考えない。試合が始まってみると予想以上の立ち上がりを見せることだってある。

エース対決のときは、およそ投手戦になるものだが、そうとは決めつけない。コーチには「今日は1点勝負やぞ」と言うこともあるが、頭の中では先に失点したときのことばかり考えている。

そのような気持ちで臨めば、あらゆる可能性に対して万全の準備をして試合に臨むことができるし、予想外の突発的なアクシデントにも対応しやすい。何よりいいのは、試合中にどんなことが起きても慌てずにすむ。

もちろん、負けてもいいと思って試合に臨むわけではない。マイナスからスタートすれば、あとはプラスに転じるだけ、と岡田監督は考えるのだ。

公式戦が始まる前、どこのチームも勝つために今年はこう戦うという青写真を描く。青写真というのは、だいたいがいいほうのイメージが重なってできているため、対戦相手のどちらかは青写真通りにはならない。それが勝負というものだ。

プラス思考とプラス思考がぶつかりあって、どちらかが痛い目に遭う。なんで勝てないんだろう、と思っているうちに、どんどん深みにはまって修正が効かなくなってしまうこともある。

だからシーズンの最初の40試合くらいまでは、思い通りにはいかないぞと受け止めておいたほうがいい。5割勝てれば十分だと考える。40試合を超えた交流戦の終わりくらいに、最初に描いた青写真と違う状況になっていたら、青写真を修正すればいい。「残り100試合をこう戦おう」と、再スタートさせればいいのだ。

そのために岡田監督は、0勝143敗からスタートだと考えるようにして、マイナスから入り、0勝からどこまで勝利を積み上げられるか、勝負事はそれくらいの気持ちでスタートしたほうがいいと考えるのだ。

自分のチームの打者に対しては、「打てへん」と思う。

自分のチームの投手に対しては、「打たれる」と思う。

もちろん、心の中で思うだけで、ベンチでは「行けえ！ 打てえ！」と声を出すこともあるし、期待しているぞという態度で選手を送り出す。

しかし、心の中ではマイナスのケースを想定していないと、次の一手が遅れる。

たとえば2死満塁の場面では、心の中では「打たんでええよ」と思うようにする。無死満塁なら、「何点入るやろか」と考えていて1点も入らなかったら、「うわあ、どないしよう」と慌ててしまうことになる。

だから、打たなくてもいいよと思っていて、打てなかったときの対策だけを考えておくのが最善なのだ。必ずマイナスから入る。それはマイナスを考えて弱気になるのではないし、責任逃れのための言い訳でもない。マイナスに備えるための思考法なのだ、と岡田監督は言う。

そうでないと、悪い結果が出たときにベンチ全体が動揺する。指揮官の浮ついた言動は、チーム全体に悪影響を与える。慌てたところを見せないためにも、指揮官はマイナス思考から入るのがいいと思っているのだという。

最悪の事態に備えて「やっておく準備」と「やらなくていいこと」

いいことばかり考えていたら準備不足になって、次の一手が遅れる。

ならば、岡田監督はマイナスに備えるためにどんな準備をしているのだろうか。

岡田の著書『金本・阪神　猛虎復活の処方箋』（宝島社新書）にある実例を見てみよう。

「投手も同じ。ベンチからブルペンに電話で言うのは、『打たれたら次、こいつで行くぞ』とか、『歩かせたら、次はこいつやからな』と、マイナスに出た場合の準備だけをさせておく。

ブルペンに指示するのは悪いことばかりだ。監督は、心の中でマイナスに備える」

ところが、岡田監督の指示を取り違えてしまうコーチもいるという。

「打席にいる打者が、塁に出たらバント。出なかったら、次は代打でこの打者を送る」と指示したときに、ある打撃コーチがこんなことを言ったという。

「タイミングを合わせていいですか」

タイミングを合わせるとは、投手に近い場所でタイミングを取りながら、打者にバットを振らせることをいう。

したがってこの場合は、次をバントの選手ではなく、代打で打たせる場合の選手をネクストバッターズサークルに入れたい、近いところでバットを振らせたい、という意味で言っていることになる。

だがそれは、先頭の打者が凡退するのを想定していることにもなる。そのときに岡田監督は、「それは違うやろ。なんやお前ら、こいつ（打席にいるバッター）が打たないことを想定しているんか。アウトになると思っているんか」と怒った。

これはマイナスに備えているのではなく、マイナスに見せているだけだ。

ネクストバッターズサークルに入るのは、打った場合にバントする選手なのだ。「よしっ！　先頭打者が塁に出てバントで得点圏に進めるぞ！　点を取りに行くぞ！　攻めるぞ！」という強気の姿勢を相手に見せなければいけない場面だからだ。

「出たらバントや、成功してこうするぞ！と選手を信用せんといかんのに、打撃コーチというのは大抵逆のことをする」と岡田監督は言う。

準備させなければいけないのは、バントの選手。それほどネクストに誰を入れるかは、相手に与える影響が大きいということだ。

最悪の事態に備える準備と、相手に見せる戦い方は違うというわけだ。

◉――「どうしたら勝てるか」という引き出しをたくさん持つ

ベンチで何もしないで、気づいたら1対0で勝っていた――。

そんな試合の監督が、「理想の監督像」なのだと岡田監督は語っている。これは、彼が語る「理想の試合」とも重なる。

一般的に想像する「理想の試合」となると、10対0などの大勝のことを言いそうなものだが、岡田監督は1対0の勝利のことを「好投する相手投手から打線をつないでなんとか1点を奪い、緊迫する中で投手と野手がミスをせずに1点を守った」と解釈する。つまり、守りの野球に徹しつつ、攻撃面では相手の一瞬の隙をつくという試合展開が理想の野球だと言っているのだ。

さらに、7回以降は1点勝っていても負けていても、見ているお客さんがわかるような継投をする。「ああ、この展開なら次はこの投手がくるな。となると今日も勝ちで決まりだな」と、お客さんにはいい意味でつまらない試合運びが理想だという。

9回で逆転サヨナラ勝ちのほうが見ていておもしろいのは確かだが、ベンチにいる人間の思考はそうではない。「7回を制するものが野球を制する」という持論があるから、劇的じゃない投手継投をするし、それができるのが強いチームなのだと岡田監督は言う。

7回以降でおもしろくない展開にできるか否かは、そのチームに戦う型があるかどうかで決まるという。

たとえば2005年の阪神は、一番バッターの赤星憲広が出塁して、それを得点につなげていくのがひとつの型だった。試合後半に負けているときでも、赤星が塁に出ればチームのムードは上り調子になった。

ここでいう型とは、そのチームの戦い方の原点ということでもある。追い込まれているときほど、立ち返るべきは原点となる。それがあるチームは強い。

逆に、日替わりでヒーローが現れるのは、弱いチームだからだ。強いチームは型にはまった野球をして、打つべき選手が打ってヒーローとなり、わき役はわき役のまま終わる。繰り返すと、チームが強くなると、見ていておもしろくなくなる。当たり前のことが当たり前にできて、見ているほうもこの先の展開が読めてくると当然おもしろくはない。

何か起死回生のことが起きるとおもしろいだろうが、強いチームになると、そういうことはめったに起きない。見ているお客さんにとってはつまらないかもしれないが、チームがそうなったときが、本当に強いチームになったときなのだという。

リリーフ投手の役割や登板する順番にも、打者の打順にも型がある。そういう意味では、打順が目まぐるしく変わるチームはよくないと岡田監督は考える。八番打者などは別だが、上位打線の打順は固定メンバーで構成できるようになるとチームの戦う型ができあがるという。

戦う型があり、その型にはまった野球ができるチームが理想だと語る岡田監督だが、彼のその発想はどこからきているのだろうか。

岡田監督が第1次の阪神監督を辞任した2008年の翌年に、江夏豊さんとの共著として対談形式で出版された『なぜ阪神は勝てないのか?』(角川oneテーマ21)の中にその答えらしきものがあった。

ベンチを離れて見えてくる監督像を聞かれた岡田は、次のように答えている。

「私には、どういう野球をしたいというのはないんですよ。(中略)理想の野球というのがないから、WBCの代表監督なんかとてもできないですよね。ピックアップしてええ選手ばかり集めてくる野球はようせんのですよ。例えば代表チームは、足を使った野球をしたいという理想があれば12球団から足の速い選手を選《よ》りすぐって呼べる。だけど、私はそういうことはしたくないし、性分に合わないんです。それよりも野球に関しては5つも6つもいっぱいの引き出しと、いろんなやり方を持っていることが大事だと思っています。監督をすることになったチームが、どうすれば勝てるのか。例えば、このチームにいけば、3番目の引き出しで勝てるなと考える監督です。どうしたら勝てるかという引き出しを持ってないと監督は絶対に務まらんというのが持論です」

岡田監督の言う戦う型というのは、チームによって異なるということだ。同じチームであっても、年月が経てば選手も代わる。そういったいろいろな条件が変動する中で、戦う型をつくるには、いくつもの引き出しの中から合うものを探してきて、戦術にしないと勝てないというわけだ。

この引き出しの多さ、多彩さこそが岡田イズムのひとつの原点なのかもしれない。岡田監督には理想の野球もなければ、理想の選手もいないのかもしれないと思う。選手に関していえば、理想の選手ばかりを外から集めてやる野球ではなく、そこにいる選手をどう生かすかを考えている。

それは理想の野球についても同じだろう。たしかにお客さんが見ていておもしろくない野球、型にはまった野球が理想だと述べてはいるが、それは「自分はこういう野球がしたい」という思いからきているわけではない。

すべては勝つためにやっていることだ。岡田監督は、勝つためならば、たとえ自分の理想の野球があったとしても捨ててしまえる監督なのだ。

おわりに

２０２３年9月14日、阪神は18年ぶりにセ・リーグを制した。抑えの岩崎優がマウンドに上がるとき『栄光の架橋』が甲子園球場に流れた。それは、脳腫瘍により28歳の若さで２０２３年7月18日に亡くなった横田慎太郎の登場曲だった。岩崎は横田と同期入団。球場に詰めかけた阪神ファンは大合唱となった。そして、岩崎が最後の打者を打ち取ると、岡田監督が胴上げされ、岩崎が宙に舞った。そのとき、横田の背番号24も一緒に甲子園の夜空に舞ったのだ。

阪神ファンの多くが泣いていた。

本書では、往年の名打者から１９８５年の阪神打線、そして２０２３年の打線、岡田監督の采配と著《あらわ》してきて、そのなかで阪神の伝統とは何かについて考えてきた。

最後に阪神の伝統として、「走る意識」の高さをあげておきたい。

2023年、近本光司と中野拓夢で48の盗塁を決めた。阪神のチーム盗塁数も79と1位だった。翻って巨人はどうだったのだろうか？

一番盗塁数の多かったのは門脇誠《かどわきまこと》の11で、チーム盗塁数は48。巨人は本塁打数が圧倒的なため走る必要はない、という考えもあるかもしれない。しかし、接戦を制するのは「守り勝つ」と同様に「走る意識」だろう。それは、何も盗塁ということだけではない。よく言われることではあるが、打撃にスランプはあっても走ることにスランプはない。

巨人の自力優勝が消滅した8月9日の阪神戦。巨人の助っ人外国人ルイス・ブリンソンがセンターフェンス直撃の当たりをホームランと確信したのか、全力疾走を怠りシングルヒットとなった。その後、中山礼都《なかやまらいと》が左前打を放っており、痛いボーンヘッドとなった。

巨人と阪神の違いは「走る意識」にある。足の速さや遅さは関係ない。全力疾走をすることで相手の守備はプレッシャーを受けるのだ。

2023年のペナントレースを制した阪神タイガースは、CS（クライマックス・シリーズ）を勝ち上がることができれば、日本シリーズを戦うことになる。

どのような結果であれ、常勝・阪神タイガースへの道は開けた。今後は常勝チームとして、ひた走っていくと、私は信じている。

阪神タイガース年度別成績

年度	監督	順位	試合	勝利	敗戦	引分	勝率	打率	本塁打	防御率	他球団の順位
1936春夏	初代／森　茂雄	＊	15	9	6	0	.600	.305	5	3.46	
1936秋	2代目／石本　秀一	＊	31	24	6	1	.800	.248	5	1.79	
1937春	石本　秀一	2	56	41	14	1	.745	.246	10	1.71	①巨人③セネタース④阪急⑤金鯱⑥大東京⑦名古屋⑧イーグルス
1937秋	石本　秀一	1	49	39	9	1	.813	.258	13	2.03	②巨人③イーグルス④金鯱⑤セネタース⑥ライオン⑦阪急⑧名古屋
1938春	石本　秀一	1	35	29	6	0	.829	.268	12	2.05	②巨人③阪急④イーグルス⑤セネタース⑥金鯱⑦名古屋⑧ライオン
1938秋	石本　秀一	2	40	27	13	0	.675	.254	11	2.46	①巨人③阪急④名古屋⑤セネタース⑤ライオン⑦イーグルス⑧南海⑨金鯱
1939	石本　秀一	2	96	63	30	3	.677	.239	32	2.02	①巨人③阪急④セネタース⑤南海⑥名古屋⑦金鯱⑧ライオン⑨イーグルス
1940	3代目／松木謙治郎	2	104	64	37	3	.634	.223	13	1.66	①巨人③阪急④翼⑤名古屋⑥黒鷲⑦金鯱⑧南海⑨ライオン
1941	松木謙治郎	5	84	41	43	0	.488	.197	6	1.61	①巨人②阪急③大洋④南海⑥名古屋⑦黒鷲⑧朝日
1942	4代目／若林　忠志	3	105	52	48	5	.520	.204	9	1.82	①巨人②大洋④阪急④朝日⑥南海⑦名古屋⑧大和
1943	若林　忠志	3	84	41	36	7	.532	.201	12	1.80	①巨人②名古屋③朝日⑤西鉄⑥大和⑦阪急⑧南海
1944	若林　忠志	1	35	27	6	2	.818	.248	1	1.53	②巨人③阪急④産業⑤朝日⑥近畿日本
1946	5代目／藤村富美男	3	105	59	46	0	.562	.288	28	3.23	①グレートリング②巨人④阪急⑤セネタース⑥ゴールドスター⑦パシフィック⑦中部日本
1947	6代目／若林　忠志	1	119	79	37	3	.681	.258	17	2.18	②中部日本③南海④阪急⑤巨人⑥東急⑦太陽⑧金星
1948	若林　忠志	3	140	70	66	4	.515	.262	50	2.88	①南海②巨人④阪急⑤急映⑥大陽⑦金星⑧中日
1949	若林　忠志	6	137	65	69	3	.485	.283	141	4.47	①巨人②阪急③大映④南海⑤中日⑦東急⑧大陽
1950	7代目／松木謙治郎	4	140	70	67	3	.511	.270	120	4.19	①松竹②中日③巨人⑤大洋⑥西日本⑦国鉄⑧広島
1951	松木謙治郎	3	116	61	52	3	.540	.269	78	3.26	①巨人②名古屋④松竹⑤国鉄⑥大洋⑦広島

阪神タイガース年度別成績

年度	監督	順位	試合	勝利	敗戦	引分	勝率	打率	本塁打	防御率	他球団の順位
1952	7代目／松木謙治郎	2	120	79	40	1	.664	.268	61	2.77	①巨人③名古屋④大洋⑤国鉄⑥広島⑦松竹
1953	松木謙治郎	2	130	74	56	0	.569	.270	87	3.15	①巨人③名古屋④広島⑤洋松⑥国鉄
1954	松木謙治郎	3	130	71	57	2	.555	.266	68	2.78	①中日②巨人④広島⑤国鉄⑥洋松
1955	8代目／岸　一郎 9代目／藤村富美男	3	130	71	57	2	.555	.251	51	2.49	①巨人②中日④広島⑤国鉄⑥大洋
1956	藤村富美男	2	130	79	50	1	.612	.224	54	1.77	①巨人③中日④国鉄⑤広島⑥大洋
1957	藤村富美男	2	130	73	54	3	.573	.240	68	2.38	①巨人③中日④国鉄⑤広島⑥大洋
1958	10代目／田中　義雄	2	130	72	58	0	.554	.238	88	2.55	①巨人③中日④国鉄⑤広島⑥大洋
1959	田中　義雄	2	130	62	59	9	.512	.237	76	2.37	①巨人②中日④国鉄⑤広島⑥大洋
1960	11代目／金田　正泰	3	130	64	62	4	.508	.242	87	2.62	①大洋②巨人④広島⑤中日⑥国鉄
1961	金田　正泰 12代目／藤本　定義	4	130	60	67	3	.473	.244	80	2.60	①巨人②中日③国鉄⑤広島⑥大洋
1962	藤本　定義	1	133	75	55	3	.577	.223	64	2.03	②大洋③中日④巨人⑤広島⑥国鉄
1963	藤本　定義	3	140	69	70	1	.496	.239	95	3.20	①巨人②中日④国鉄⑤大洋⑥広島
1964	藤本　定義	1	140	80	56	4	.588	.240	114	2.75	②大洋③巨人④広島⑤国鉄⑥中日
1965	藤本　定義	3	140	71	66	3	.518	.220	94	2.47	①巨人②中日④大洋④広島⑥サンケイ
1966	13代目／杉下　茂 14代目／藤本　定義	3	135	64	66	5	.492	.233	81	2.52	①巨人②中日④広島⑤大洋⑥サンケイ
1967	藤本　定義	3	136	70	60	6	.538	.245	101	2.60	①巨人②中日④大洋⑤サンケイ⑥広島
1968	藤本　定義	2	133	72	58	3	.554	.229	119	2.67	①巨人③広島④サンケイ⑤大洋⑥中日

年度	監督	順位	試合	勝利	敗戦	引分	勝率	打率	本塁打	防御率	他球団の順位
1969	15代目／後藤 次男	2	130	68	59	3	.535	.222	114	2.41	①巨人③大洋④中日⑤アトムズ⑥広島
1970	16代目／村山 実	2	130	77	49	4	.611	.245	110	2.36	①巨人③大洋④広島⑤中日⑥ヤクルト
1971	村山 実	5	130	57	64	9	.471	.220	101	2.76	①巨人②中日③大洋④広島⑥ヤクルト
1972	村山 実	2	130	71	56	3	.559	.239	125	3.00	①巨人③中日④ヤクルト⑤大洋⑥広島
1973	17代目／金田 正泰	2	130	64	59	7	.520	.234	115	2.82	①巨人③中日④ヤクルト⑤大洋⑥広島
1974	金田 正泰	4	130	57	64	9	.471	.237	136	3.45	①中日②巨人③ヤクルト⑤大洋⑥広島
1975	18代目／吉田 義男	3	130	68	55	7	.553	.252	128	3.34	①広島②中日④ヤクルト⑤大洋⑥巨人
1976	吉田 義男	2	130	72	45	13	.615	.258	193	3.54	①巨人③広島④中日⑤ヤクルト⑥大洋
1977	吉田 義男	4	130	55	63	12	.466	.267	184	4.38	①巨人②ヤクルト③中日⑤広島⑥大洋
1978	19代目／後藤 次男	6	130	41	80	9	.339	.254	139	4.79	①ヤクルト②巨人③広島④大洋⑤中日
1979	20代目／ブレイザー	4	130	61	60	9	.504	.268	172	4.15	①広島②大洋③中日⑤巨人⑥ヤクルト
1980	ブレイザー	5	130	54	66	10	.450	.262	134	3.73	①広島②ヤクルト③巨人④大洋⑥中日
	21代目／中西 太										
1981	中西 太	3	130	67	58	5	.536	.272	114	3.32	①巨人②広島④ヤクルト⑤中日⑥大洋
1982	22代目／安藤 統男	3	130	65	57	8	.533	.262	118	3.44	①中日②巨人④広島⑤大洋⑥ヤクルト
1983	安藤 統男	4	130	62	63	5	.496	.274	169	4.22	①巨人②広島③大洋⑤中日⑥ヤクルト
1984	安藤 統男	4	130	53	69	8	.434	.264	165	4.46	①広島②中日③巨人⑤ヤクルト⑥大洋
1985	23代目／吉田 義男	1	130	74	49	7	.602	.285	219	4.16	②広島③巨人④大洋⑤中日⑥ヤクルト
1986	吉田 義男	3	130	60	60	10	.500	.271	184	3.69	①広島②巨人④大洋⑤中日⑥ヤクルト
1987	吉田 義男	6	130	41	83	6	.331	.242	140	4.36	①巨人②中日③広島④ヤクルト⑤大洋

阪神タイガース年度別成績

年度	監督	順位	試合	勝利	敗戦	引分	勝率	打率	本塁打	防御率	他球団の順位
1988	24代目/村山　実	6	130	51	77	2	.398	.248	82	3.82	①中日②巨人③広島④大洋⑤ヤクルト
1989	村山　実	5	130	54	75	1	.419	.257	135	4.15	①巨人②広島③中日④ヤクルト⑥大洋
1990	25代目/中村　勝広	6	130	52	78	0	.400	.252	135	4.58	①巨人②広島③大洋④中日⑤ヤクルト
1991	中村　勝広	6	130	48	82	0	.369	.237	111	4.37	①広島②中日③ヤクルト④巨人⑤大洋
1992	中村　勝広	2	132	67	63	2	.515	.250	86	2.90	①ヤクルト②巨人④広島⑤大洋⑥中日
1993	中村　勝広	4	132	63	67	2	.485	.253	86	3.88	①ヤクルト②中日③巨人⑤横浜⑥広島
1994	中村　勝広	4	130	62	68	0	.477	.256	92	3.43	①巨人②中日③広島④ヤクルト⑥横浜
1995	中村　勝広	6	130	46	84	0	.354	.244	88	3.83	①ヤクルト②広島③巨人④横浜⑤中日
	藤田　平(代行)										
1996	26代目/藤田　平	6	130	54	76	0	.415	.245	89	4.12	①巨人②中日③広島④ヤクルト⑤横浜
	柴田　猛(代行)										
1997	27代目/吉田　義男	5	136	62	73	1	.459	.244	103	3.70	①ヤクルト②横浜③広島④巨人⑥中日
1998	吉田　義男	6	135	52	83	0	.385	.242	86	3.95	①横浜②中日③巨人④ヤクルト⑤広島
1999	28代目/野村　克也	6	135	55	80	0	.407	.259	97	4.04	①中日②巨人③横浜④ヤクルト⑤広島
2000	野村　克也	6	136	57	78	1	.422	.244	114	3.90	①巨人②中日③横浜④ヤクルト⑤広島
2001	野村　克也	6	140	57	80	3	.416	.243	90	3.75	①ヤクルト②巨人③横浜④広島⑤中日
2002	29代目/星野　仙一	4	140	66	70	4	.485	.253	122	3.41	①巨人②ヤクルト③中日⑤広島⑥横浜
2003	星野　仙一	1	140	87	51	2	.630	.287	141	3.53	②中日③巨人③ヤクルト⑤広島⑥横浜
2004	30代目/岡田　彰布	4	138	66	70	2	.485	.273	142	4.08	①中日②ヤクルト③巨人⑤広島⑥横浜
2005	岡田　彰布	1	146	87	54	5	.617	.274	140	3.24	②中日③横浜④ヤクルト⑤巨人⑥広島

年度	監督	順位	試合	勝利	敗戦	引分	勝率	打率	本塁打	防御率	他球団の順位
2006	30代目／岡田　彰布	2	146	84	58	4	.592	.267	133	3.13	①中日③ヤクルト④巨人⑤広島⑥横浜
2007	岡田　彰布	3	144	74	66	4	.529	.255	111	3.56	①巨人②中日④横浜⑤広島⑥ヤクルト
2008	岡田　彰布	2	144	82	59	3	.582	.268	83	3.29	①巨人③中日④広島⑤ヤクルト⑥横浜
2009	31代目／真弓　明信	4	144	67	73	4	.479	.255	106	3.28	①巨人②中日③ヤクルト⑤広島⑥横浜
2010	真弓　明信	2	144	78	63	3	.553	.290	173	4.05	①中日③巨人④ヤクルト⑤広島⑥横浜
2011	真弓　明信	4	144	68	70	6	.493	.255	80	2.83	①中日②ヤクルト③巨人⑤広島⑥横浜
2012	32代目／和田　豊	5	144	55	75	14	.423	.236	58	2.65	①巨人②中日③ヤクルト④広島⑥横浜
2013	和田　豊	2	144	73	67	4	.521	.255	82	3.07	①巨人③広島④中日⑤横浜⑥ヤクルト
2014	和田　豊	2	144	75	68	1	.524	.264	94	3.88	①巨人③広島④中日⑤横浜⑥ヤクルト
2015	和田　豊	3	143	70	71	2	.496	.247	78	3.47	①ヤクルト②巨人④広島⑤中日⑥横浜
2016	33代目／金本　知憲	4	143	64	76	3	.457	.245	90	3.38	①広島②巨人③横浜⑤ヤクルト⑥中日
2017	金本　知憲	2	143	78	61	4	.561	.249	113	3.29	①広島③横浜④巨人⑤中日⑥ヤクルト
2018	金本　知憲	6	143	62	79	2	.440	.253	85	4.03	①広島②ヤクルト③巨人④横浜⑤中日
2019	34代目／矢野　燿大	3	143	69	68	6	.504	.251	94	3.46	①巨人②横浜④広島⑤中日⑥ヤクルト
2020	矢野　燿大	2	120	60	53	7	.531	.246	110	3.35	①巨人③中日④横浜⑤広島⑥ヤクルト
2021	矢野　燿大	2	143	77	56	10	.579	.247	121	3.30	①ヤクルト③巨人④広島⑤中日⑥横浜
2022	矢野　燿大	3	143	68	71	4	.489	.243	84	2.67	①ヤクルト②横浜④巨人⑤広島⑥中日
2023	35代目／岡田　彰布	1	143	85	53	5	.616	.247	84	2.66	②広島③横浜④巨人⑤ヤクルト⑥中日

通算成績（2023年10月5日現在）5609勝5237敗344分　勝率.517

参考文献

「Sports Graphic Number」（スポーツ・グラフィック・ナンバー）1995年6月8日　368号（甦る猛虎魂。）文藝春秋
「ベースボールマガジン」2023年6月号（最強助っ人伝説 バースと阪神タイガース）ベースボール・マガジン社
「Sports Graphic Number」2023年6月1日　1074号（阪神タイガース監督論。）文藝春秋
『そら、そうよ――勝つ理由、負ける理由』岡田彰布著　宝島社
『動くが負け―― 0勝144敗から考える監督論』岡田彰布著　幻冬舎新書
『金本・阪神 猛虎復活の処方箋』岡田彰布著　宝島社新書
『なぜ阪神は勝てないのか？――タイガース再建への提言』岡田彰布、江夏豊　共著　角川oneテーマ21
『「新・ミスタータイガース」の作り方：「掛布道場」指導ノート』掛布雅之著　徳間書店
『阪神・四番の条件――タイガースはなぜ優勝できないのか』掛布雅之著　幻冬舎新書
『若虎よ！』　掛布雅之著　角川oneテーマ21
『あぁ、阪神タイガース――負ける理由、勝つ理由』野村克也著　角川oneテーマ21
『左腕の誇り――江夏豊自伝』江夏豊著　新潮文庫

制作参考資料　YouTube チャンネル「掛布雅之の憧球」
企画協力　株式会社 Athlete Solution
編集協力　岡村啓嗣、石井綾子
編集　木南勇二（ＰＨＰ研究所）

PHP新書

PHP INTERFACE
https://www.php.co.jp/

掛布雅之［かけふ・まさゆき］

1955年、千葉県生まれ。習志野高校卒業。73年、ドラフト６位で阪神タイガース入団。本塁打王３回、打点王１回、ベストナイン７回、ダイヤモンドグラブ賞６回、オールスターゲーム10年連続出場などの成績を残し、「ミスター・タイガース」（４代目）と呼ばれる。85年には不動の四番打者として球団初の日本一に貢献。88年に現役を引退。阪神タイガースＧＭ付育成＆打撃コーディネーター、２軍監督、オーナー付シニア・エグゼクティブ・アドバイザー、HANSHIN LEGEND TELLERなどを歴任。野球解説者、評論家として活躍中。YouTubeチャンネル「掛布雅之の憧球」が話題を呼んでいる。

常勝タイガースへの道
阪神の伝統と未来

（PHP新書 1373）

二〇二三年十一月九日　第一版第一刷
二〇二三年十一月三十日　第一版第二刷

著者――掛布雅之
発行者――永田貴之
発行所――株式会社ＰＨＰ研究所
東京本部――〒135-8137 江東区豊洲5-6-52
ビジネス・教養出版部 ☎03-3520-9615（編集）
普及部 ☎03-3520-9630（販売）
京都本部――〒601-8411 京都市南区西九条北ノ内町11
組版――株式会社ＰＨＰエディターズ・グループ
装幀者――芦澤泰偉＋明石すみれ
印刷所
製本所――大日本印刷株式会社

ISBN978-4-569-85610-0

PHP新書刊行にあたって

「繁栄を通じて平和と幸福を」(PEACE and HAPPINESS through PROSPERITY)の願いのもと、PHP研究所が創設されて今年で五十周年を迎えます。その歩みは、日本人が先の戦争を乗り越え、並々ならぬ努力を続けて、今日の繁栄を築き上げてきた軌跡に重なります。

しかし、平和で豊かな生活を手にした現在、多くの日本人は、自分が何のために生きているのか、どのように生きていきたいのかを、見失いつつあるように思われます。そして、その間にも、日本国内や世界のみならず地球規模での大きな変化が日々生起し、解決すべき問題となって私たちのもとに押し寄せてきます。

このような時代に人生の確かな価値を見出し、生きる喜びに満ちあふれた社会を実現するために、いま何が求められているのでしょうか。それは、先達が培ってきた知恵を紡ぎ直すこと、その上で自分たち一人一人がおかれた現実と進むべき未来について丹念に考えていくこと以外にはありません。

その営みは、単なる知識に終わらない深い思索へ、そしてよく生きるための哲学への旅でもあります。弊所が創設五十周年を迎えましたのを機に、PHP新書を創刊し、この新たな旅を読者と共に歩んでいきたいと思っています。多くの読者の共感と支援を心よりお願いいたします。

一九九六年十月

PHP研究所